ENTFACHE WIEDER DAS ALTAR-FEUER

Bereite einen Ort für GOTTES GEGENWART

Chuck D. Pierce & Alemu Beftu

Entfache wieder *das* Altar Feuer

Bereite einen Ort für
GOTTES GEGENWART

Amerikanisches Original herausgegeben unter dem Titel »Rekindle the Altar Fire – Making a Place for GOD's PRESENCE« von Chosen Books, einem Geschäftsbereich der Baker Publishing Group, Grand Rapids, Michigan, 49516, USA

Deutsche Ausgabe herausgegeben von
GloryStar Publishing House, Remscheid

Deutsche Übersetzung: Kathrin Gottschick
Lektorat: Kathleen Schueler
Co-Lektorat: Oliver Aviles-Lehnert
Umschlaggestaltung: Bill Johnson
Verlag & Druck: GloryStar Publishing House, Remscheid
ISBN: 978-3-98543-015-4

Bibliografische Information der Deutschen Nationalbibliothek:

Die Deutsche Nationalbibliothek verzeichnet diese Publikation in der Deutschen Nationalbibliografie; detaillierte bibliografische Daten sind im Internet über http://dnb.de abrufbar.

Für alle übrigen Fürbitter und Wächter des Reiches Gottes, die überall auf der Welt neue Altäre errichten.

„Für den Betroffenen ist nichts tragischer und für den Beobachter nichts entmutigender als der Burnout eines Mannes oder einer Frau Gottes. Was einst ein Leuchtfeuer von Vision und Leidenschaft war, wird scheinbar urplötzlich auf einen Haufen schwelender Glut reduziert, und wir fragen uns Was ist hier passiert? In Wirklichkeit ist das Feuer allmählich im Laufe der Zeit verglüht, und Achtung! dies kann jedem passieren. Gott bezog sich mit Seiner Warnung: „Lass das Feuer nicht ausgehen" nicht nur auf ein uraltes Feuer auf einem Steinaltar. Den Altar, den Gott sich am meisten wünscht, ist ein Herz, das voll und ganz auf Ihn vertraut. In Entfache wieder das Altarfeuer zeigen uns Chuck Pierce und Alemu Beeftu aus der Schrift heraus die Bedeutung der biblischen Altäre und deren Relevanz für uns heute. Wenn deine Leidenschaft in deinem geistlichen Leben, in deinem Familienalltag, in deiner Kirche oder in deinem Dienst abgekühlt ist, kann dieses Buch dir dabei helfen, herauszufinden, warum das geschah und was du dagegen tun kannst. Es ist ein aufschlussreicher, herausfordernder und inspirierender Leitfaden, um Burnout von vornherein zu verhindern oder um unseren Herzens-Altar wiederherzustellen, damit der Heilige Geist Sein Feuer in uns neu entfachen kann!"

Dr. Wess Stafford
ehem. Präses von Compassion International

„In einer Zeit, in der es einfach ist für Gott zu arbeiten, haben Chuck Pierce and Alemu Beeftu verstanden, dass es keinen typischeren Ort gibt, Jesus zu verlieren, als im Tempel der religiösen Aktivitäten und der Hektik. Entfache wieder das Altarfeuer ist weit mehr als nur ein tolles Buch. Es ist vielmehr ein Rettungsanker im Nebel, der uns zurück zum wahren Bund und zur Leidenschaft für Gott ruft. Entfache wieder das Altarfeuer ist ein beeindruckender Leitfaden, der uns zeigt, wie das Feuer auf dem Altar unserer Gottesbeziehung heiß bleibt."

Dr. Don Crum
Leadership International

„Mit dem Buch Entfache wieder das Altarfeuer haben Chuck Pierce und Alemu Beeftu dem Leib Christi einen großen Dienst erwiesen. Dieses Buch lässt einen mit einer Leidenschaft für die Gegenwart Gottes und einem Streben nach Heiligkeit zurück, wie das nur wenige Bücher je geschafft haben. Als ich es las, entzündete Gott in meinem eigenen Herzen ein neues Feuer."

Cindy Jacobs
Gründerin und Präses, Generals International

„Chuck Pierce und Alemu Beeftu sind sehr zu loben. Entfache wieder das Altarfeuer ist ein wunderbarer Leitfaden für alle, die mit heiligem Feuer brennen wollen."

Dr. Dutch Sheets
Gründer von Dutch Sheets Ministries

Inhalt

Du bist dabei, dich auf eine Reise zu begeben, auf der du Erweckung in verschiedenen Dimensionen sehen und erleben wirst: persönlich, gemeinschaftlich, gebiets- und generationsübergreifend. Erweckung ist die Erneuerung des eigenen Geistes, um Leben und verlorene Kraft wiederzuerlangen. Von alters her bis heute gibt es dieses eine Konzept der Erneuerung, über das normalerweise nicht gesprochen wird. Der Leitgedanke, Gottes Altar in den Mittelpunkt unseres Lebens zu stellen, ist der Schlüssel, zum Erwachen und zur Stärkung unseres Geistes – dem inneren, ewigen Leben in uns. Wenn du einen Altar baust und das Feuer tief im Inneren brennen lässt, wird das nach außen dringende Licht dieser Kraft die Welt um dich herum verändern.

KAPITEL 1

Warum einen Altar bauen?

»Sie bauten dem Herrn einen Altar« ist ein Ausdruck, den wir bei jeder Handlung Gottes, bei jedem Neubeginn und in jedem entscheidenden Moment der biblischen Geschichte finden:

- Noah baute einen Altar
- Abraham baute einen Altar
- Mose baute einen Altar
- Aaron baute einen Altar
- Josua baute einen Altar
- Samuel baute einen Altar
- Sogar Saul baute einen Altar für den Herrn, den Gott Israels
- Die Israeliten bauten einen Altar nach der Rückkehr aus der babylonischen Gefangenschaft
- Und so taten es viele weitere

Johannes der Täufer rief in der Wüste: »Wer umkehrt zu Gott, den taufe ich mit Wasser. Der aber, der nach mir kommen wird, wird euch mit dem Heiligen Geist und Feuer taufen.« Wir müssen dieses Feuer kennen und es in uns brennen lassen, um sowohl eine dauerhafte Beziehung zu Gott als auch Gottes Handeln in uns und um uns herum zu erleben! Das Feuer Gottes ist ein Zeichen geistlicher Erneuerung, Weihe und Bevollmächtigung.

In der Neuzeit haben wir die Bedeutung von Gottes Altar vergessen. Dieses Buch, *Entfache wieder das Altarfeuer*, ist ein Aufruf und eine Anleitung für Christen, ihren eigenen Weg zu finden, Seinen Altar zu bauen, um Sein Feuer, Seine Freude und Erneuerung zu erleben.

Gottes Plan für Anbetung verwirklichen

Die meisten von uns leben in einem weltlich geprägten Umfeld. Vielleicht mag ich, Chuck, deshalb die Geschichte von Gideon so sehr. Wie du weißt, wurde Gideon wegen der damals herrschenden Unterdrückung zum Handeln bewogen. Die Israeliten kamen nämlich nicht voran. Jedes Mal, wenn sie etwas auf den Feldern angebaut hatten, drangen die Midianiter ins Land ein und vernichteten die Ernte des ganzen Jahres. Überlege dir Folgendes: Du hast das ganze Jahr hart gearbeitet und genug für das kommende beiseite gelegt – doch dann wirst du ausgeraubt... jedes Jahr aufs Neue.

Am Ende hast du tief in dir eine Stimme, die schreit: »Genug ist genug!« Da besucht dich Gott, der Herrscher des Universums und deiner Ernte, und hat eine Lösung. Die eigentliche Frage lautet gar nicht, ob du weißt, was deine Zukunft und die deiner Familie retten kann, sondern ob du dich entscheidest, im Glauben zu handeln oder nicht. Gideon ist wie viele von uns – unsicher, eingeschüchtert, ängstlich und voll von mangelndem Vertrauen. Als der Engel des Herrn ihm beim Weizendreschen in einer Weinkelter erschien und ihm befahl zu gehen und Israel zu retten, versuchte Gideon sich herauszureden und bat um ein Zeichen. Als der Herr ihm das Zeichen gewährte, gab die Aufforderung, Israel zu retten, Gideon den Anstoß zum Handeln.

»Da baute Gideon dem HERRN dort einen Altar und nannte ihn: *Der HERR ist Friede*« (Richter 6,24). Anders ausgedrückt: Er errichtete einen Altar des Friedens und der Vollkommenheit inmitten schwieriger und unübersichtlicher Zeiten.

In derselben Nacht befahl Gott ihm, den Götzenaltar Baals, der übrigens seinem Vater gehörte, niederzureißen und »dem HERRN, deinem Gott, oben auf dem Gipfel dieser Bergfeste durch Aufschichtung einen Altar« zu bauen (Richter 6,26).

Das war die Situation: Baal, der mächtigste Götze, den die Bibel erwähnt, war der dämonische Herrscher über Kanaan. Seinen Altar mitsamt dem Aschera-Kultpfahl zu zerstören, würde ebenso sicher den Zorn der Anhänger Baals auf sich ziehen, wie auch die Wut der dämonischen Mächte provozieren. Diese Aktion war eine kühne Demonstration, dass der Herrscher über dieses Land von seinem Thron gestoßen wurde.

Doch Gideon gehorchte Gott. Nachts riss er mit zehn seiner Knechte den Götzenalter nieder, baute Gott einen neuen Altar und opferte darauf.

Am nächsten Morgen waren die Bewohner der Stadt, wie er es erwartet hatte, aufgebracht und forderten Gideons Tod. Sein Vater brachte jedoch das logische Argument vor, dass – wenn Baal ein Gott sei – sich dieser selbst verteidigen könnte, wenn jemand seinen Altar zerstört. Daraufhin schwiegen die Menschen, und letztendlich führte Gideon Israel in den Krieg und erkämpfe Freiheit von der Unterdrückung durch die Midianiter.

Es wird Zeit, dass eine Generation von Gideons aufsteht und den Lauf der Welt ändert! *Wir brauchen eine Generation, die die schändlichen Altäre niederreißt. Um das Böse zu beseitigen, ist eine Generation nötig, die Altäre baut, welche mit Gottes unwandelbarem Feuer gefüllt sind.* Es reicht nicht aus, die Mächte einer Region einfach zu stürzen und zu bezwingen. Wir müssen daraufhin auch Gottes Vorstellung von Anbetung umsetzen. Dieses Buch wird dir helfen zu verstehen, wie du einen Altar bauen kannst, damit ein neues Feuer zu Gottes Volk kommt.

Dr. Alemu Beeftu, mein Mitautor in diesem Buch, hat einen Weg gefunden, den Wandel einer Nation zu erkennen. Er ist ein Mann Gottes aus Äthiopien und hat eine Sehnsucht, zu sehen, wie das Feuer Gottes die Nationen reinigt. Wir werden erklären, wie jeder einzelne Altar gebaut wird, damit das Feuer darauf brennen kann. Auf solch einem Altar bringen wir unsere Opfer aus Anbetung und Lobpreis dar. Der Altar Gottes ist kein antikes Konzept, sondern ein unverzichtbares Element unserer heutigen Anbetung. Es ist ein Ort der Salbung, und Salbung bricht das Joch des Feindes. Der Altar ist ein Ort der Überwindung. Der Altar ist ein Ort der täglichen Gemeinschaft.

In diesem Buch wirst du viel über Anbetung lernen und ermutigt werden »zur Anhöhe hinaufzusteigen«, die Opferstätte Satans niederzureißen und Gottes Altar zu bauen. Jetzt ist die Zeit für unsere Generation, Gottes Altar zu errichten, damit Sein Feuer fallen kann. *Entfache wieder das Altarfeuer* fordert jedes System heraus und sagt: *Baue jetzt! Deine Zukunft ist abhängig vom Altar.*

Bauart, Opfer und die Gemeinde

Gott befahl durch Mose den Kindern Israels Altäre zu bauen, auf denen Opfer und Gaben dargebracht werden sollten: »Einen Altar aus Erde sollst du mir machen und darauf deine Brandopfer und deine Friedensopfer, deine Schafe und deine Rinder darbringen; an jedem Ort, wo ich meines Namens gedenken lasse, dort will ich zu dir kommen und dich segnen.« (2 Mose 20,24).

Gott befahl die Altäre zu bauen, weil Er einen Begegnungsort für die Beziehung mit Ihm errichten wollte. Im Grunde sagte Gott: »Betet Mich an und Ich werde euch segnen.« Gott versprach nicht, die Altäre zu segnen, obwohl überall dort Segen entsteht, wo er gegenwärtig ist. Er versprach, die Menschen zu segnen, die die Altäre bauen. Jeder Gläubige in jeder Generation wünscht sich, dass dieser Segen, dieses Feuer, von Gottes Thron herabkommt. Ohne dieses Feuer führen wir still und hoffnungslos ein Leben von Dienern, aber nicht von Kindern; wir leben als angeheuerte Arbeitskräfte, aber nicht als Erben eines Königreiches. Solch eine Knechtschaft beabsichtigte Jesus nicht, als Er sagte: »...ich bin gekommen, damit sie das Leben haben und es im Überfluss haben.« (Johannes 10,10).

Vielleicht hast du das Feuer, das von Gott kommt, bisher als eine Leidenschaft, einen Tatendrang oder als Enthusiasmus verstanden. Wir haben das Wort *Feuer* absichtlich so gewählt, da es im Alten und Neuen Testament mit der Gegenwart und Kraft Gottes gleichgesetzt wird. Vom brennenden Busch, vor dem Schuhe ausgezogen werden mussten, bis hin zu Flammenzungen, die die frühe Kirche überraschte, ist »...unser Gott ist ein verzehrendes Feuer.« (Hebräer 12,29). Genau dieses Feuer, Gottes Feuer, brauchen wir für unser eigenes Leben, unsere Familien, unsere Kirchen und unsere Nationen, wenn wir auf ein Feuer hoffen, welches die Unreinheit eines Volkes, das Gott zwar mit seinen Lippen bekennt, aber sich mit seinem Herzen abgewandt hat, verbrennt.

Hier müssen wir in unserem Leben beginnen jeden Tag zum Altar zu gehen. Es gibt nämlich kein dauerhaftes Feuer ohne einen Altar: »Denn die Augen des HERRN durchstreifen die ganze Erde, um sich mächtig zu erweisen an denen, deren Herz ungeteilt auf ihn gerichtet ist.« (2 Chronik 16,9). Gott sehnt sich danach Feuer zu schicken, um uns für jedes gute Werk zu stärken und auszurüsten. Unser Heiliger Gott möchte einen Altar, also einen Ort von echter und aufrichtiger Beziehung, wo Er uns begegnen kann und Sein Feuer in uns sichtbar wird. Ohne diesen täglichen Begegnungsort, diesen Altar, auf dem die Flamen heiß geschürt werden können, machen wir uns der Welt um uns herum gleich.

Unser Leben kann ein widersprüchliches, unbeständiges Drama voller Höhen und Tiefen sein. Doch dieses Buch wurde geschrieben, um dir zu helfen, dass du konsequent das dauerhafte und lebensverändernde Feuer Gottes repräsentierst und so neu belebt werden kannst. Du selbst musst eine Rolle in diesem Drama spielen! Dein Part besteht darin, in deinem Herzen einen Ort zu bauen und zu erhalten, der deine Hingabe zu dem Einen, der dich geschaffen und das Allerbeste für dich bereithält, widerspiegelt. An diesem Ort bereitest du das tägliche Opfer zu. Dort wird deine Identität sichtbar und du spiegelst komplett die Person wider, die du im Hier und Jetzt bist. Wir hoffen, dass wir dich auf den kommenden Seiten an deine Aufgabe und deine Bestimmung erinnern und dich ermutigen können »die Gnadengabe Gottes wieder anzufachen«, die so reichlich in dir wohnt (2 Timotheus 1,6).

Gottes Feuer ist wie ein Diamant. Diamanten funkeln mit feurigem Glanz und brechen das Licht; jede Facette ist wunderschön. Diese Edelsteine sind die solide Form des chemischen Elementes Kohlenstoff, der mittels hoher Temperatur und Druck kristallisierte. Ihre Schönheit spiegelt diese Verbindung von Hitze und Druck wider, was wiederum auch den Wert eines Diamanten mitbestimmt.

Wir werden das Geheimnis des Feuers untersuchen, so wie es in der Schrift, dem Wort Gottes, gespiegelt wird, genauso wie ein Diamant den funkelnden Glanz des Lichtes widerspiegelt. Es gibt acht Arten von Feuer – einschließlich derer, vor denen uns die Schrift warnt –, die wir betrachten müssen, sowohl für unser geistliches Wohl als auch für die Wirksamkeit unseres Dienstes in unserem Umfeld:

1. Das *Feuer* des Heiligen Geistes, das tatsächliche und gegenwärtige Innewohnen des Geistes des Lebendigen Gottes.

2. Das *Feuer* der Liebe Gottes – das Feuer des Kreuzes. Das Kreuz ist der Ort, an dem Himmel und Erde sich begegnen.

3. Das *Feuer* von Gottes Wort an uns. Die Schrift sagt: »Das Gras ist verdorrt, die Blume ist abgefallen; aber das Wort unseres Gottes bleibt in Ewigkeit!« (Jesaja 40,8). Wenn wir in unserem Herzen einen Ort haben, an dem wir bereit sind, alles zu empfangen, was Gott zu uns sprechen möchte, gibt uns das Halt für die vor uns liegenden Stürme des Lebens.

4. Das *Feuer* der Heiligkeit. In Gottes Wort steht geschrieben: »Ihr sollt heilig sein, denn ich bin heilig!« (1 Petrus 1,16). Gott wird uns nichts zumuten, was wir nicht vollbringen können. Heiligkeit bedeutet, nicht der Welt gleich zu sein.

5. Das *Feuer* der Anbetung und des Gebets. Gott dieses Feuer darzubringen ist in Seinen Augen angenehm und bewirkt, dass Sein Wohlgefallen auf uns ruht. Dieses Feuer muss sorgfältig bewacht werden. Wir haben einen Feind, der alles daran setzt diese Gunst zu stehlen und zu zerstören.

6. Das *Feuer* der Unreinheit. Es entsteht aus einer Vermischung von Seele und Geist in unserer Anbetung. Es beinhaltet das, wovor der Herr Sein Volk zu bewahren versuchte, als sie in das Versprochene Land zogen. Man nennt ihre Anbetung Gottes inmitten vieler kanaanäischer Götter Jahwismus.

7. Das *Feuer* der Hölle. Wir werden darüber sprechen, wie Satan Altäre baut, damit sein Feuer brennen kann. Er hofft die Leidenschaft von Gottes Volk auf sich selbst lenken zu können.

8. Das *Feuer* des Dienstes, das unsere Berufung und Bestimmung widerspiegelt. Eines der dringendsten Gebote der Stunde ist, dass sich Männer und Frauen erheben und in ihrer wahren Berufung leben. Ohne beständige Altäre für dieses Feuer gibt es eine Menge Unordnung und das Königreich lässt auf sich warten.

Es ist an der Zeit! Lasst uns unsere Altäre bauen, damit ein neues, beständiges Feuer brennen kann. Zu lange haben wir uns nicht um die Altäre in unseren Herzen gekümmert und sie in Unordnung brachliegen lassen. Christen müssen aufwachen und wieder Orte herrichten, damit das Feuer fallen kann. Es ist nicht irgendein Feuer, sondern es ist das Feuer eines Lebendigen Gottes, dem Himmel und Erde gehören. Es ist schon spät und die Tage sind böse. Wir müssen die Zeit ausnutzen. Lasst uns überall im Land die Altäre in unseren Herzen wiederherstellen. Wenn wir bauen, wird Er kommen und das Feuer wird fallen.

Fragen zum Nachdenken

1. Warum brauchen wir eine Generation, die bereit ist unrechtmäßige Altäre niederzureißen?
2. Warum kann ein Altar auch einen Begegnungsort für die Beziehung mit Gott schaffen?
3. Bei welcher Art von Feuer wünschst du dir am meisten, dass es sich auf deinem Altar niederlässt (oder erneut niederlässt)?

KAPITEL 2

Neues Feuer zur Rettung und Erweckung

Als ich, Chuck, jung war, besuchte ich mit meiner Großmutter die Kirche. Sie saß stets in der zweiten Reihe. Ich saß neben ihr auf der Kirchenbank zum Mittelgang hin. Der Pastor sprach von der Kanzel. Am Ende jedes Gottesdienstes sagte er zu allen: »Wenn der Herr jetzt, gerade zu dir spricht oder an die Tür deines Herzens anklopft, solltest du nach vorne zum Altar kommen.«

Dann gingen einige nach vorn zu der Kniebank. Der Pastor oder jemand, der nach meiner Erinnerung bereits älter und weiser war, kam auf die andere Seite der Bank, um mit ihnen zu beten. Am Ende gaben diejenigen, die nach vorne gegangen waren, ein Zeugnis. Sie erzählten, wie der Herr zu ihnen gesprochen hatte, damit sie ihn erkannten, oder wie Er sie in einen bestimmten

Dienst gerufen hatte. Manchmal erzählten einige Menschen auch, wie sie sich von Gott entfernt hatten, aber eben an jenem Tag »zum Altar zurückgekehrt waren«!

Was meinten sie damit? Zunächst einmal wusste ich, dass ich nicht vortreten konnte, solange ich nicht den Herrn zu mir sprechen hörte. Und ich war mir nicht sicher, was er sagen würde, falls er sprach. In meiner Vorstellung dachte ich, dass ich *zum Altar gehen* müsse um in den Himmel zu kommen. So hörte ich Sonntag für Sonntag das gleiche Angebot von dem Pastor und ich wartete gespannt, ob der Herr auch wollte, dass ich kam. Am 11. September 1963 hörte ich dann endlich zum ersten Mal, den Herrn zu mir sprechen.

Er sagte: *Heute ist dein Tag. Willst du mir folgen? Ich möchte dein Herz.*

Ich wusste, jetzt war es Zeit zum Altar zu gehen.

Was ist ein Altar?

Wenn du das Wort *Altar* in unserer modernen Kultur erwähnst, bekommst du garantiert eine Vielfalt an Antworten. Manche, die in kirchlichen Traditionen aufgewachsen sind, in denen Messdienste verrichtet wurden, stellen sich Holz, Teppichläufer, eine Messingstange und robuste Möbel vor. Andere könnten ihre Vorstellungen aus Filmszenen haben, in denen jemand oder etwas geopfert werden soll, und der Held genau zur richtigen Zeit kommt, um den sicheren Tod zu verhindern. Wieder andere könnten einer Antwort schuldig bleiben.

Aber was für ein Altar wird uns in der Bibel beschrieben – und was, wenn überhaupt, bedeutet das für uns heute? Das Wort *Altar* kommt von einem Verb, was wörtlich »schlachten« bedeutet. In einem Wörterbuch heißt es: »ein erhöhter Ort oder ein Bauwerk... bei dem religiöse Rituale wahrgenommen oder auf dem Opfer an Götter, Ahnen, etc. dargebracht werden.«[1] Darüber hinaus wird das Wort Altar in Hebräer 13,10 für das Opfer selbst gebraucht, das auf ihm dargebracht wird – dieses Opfer ist Christus.[2]

Wenn unsere Teams heute auf Gebetseinsätzen von Nation zu Nation durch die Welt reisen, beauftragen wir sie, nach alten Altären zu suchen. Eine meiner eindrücklichsten Reisen ging zum Altar von Delphi. Der Tempel des Apollon von Delphi, wie wir ihn heute vorfinden, wird auf das vierte Jahrhundert vor Christus datiert. Das Fundament jedoch gehörte ursprünglich zu einem älteren Tempel aus dem sechsten Jahrhundert, welcher wiederum einen Tempel ersetzte, der sogar aus dem siebten Jahrhundert vor Christus stammte. Der Tempel beherbergte das Orakel von Apollon. Das Orakel – die Pythia oder Hohepriesterin – wurde vor jedem großen Vorhaben befragt: angefangen von Kriegen bis hin zur Gründung von Kolonien. Sie übergab Nachrichten von Apollon in Form von Rätseln, die mehrere Interpretationsmöglichkeiten zuließen. Manche meinen, dass die Priesterin Lorbeerblätter (die für Apollon geweiht waren) kaute, um göttlich inspiriert zu werden.

Bei jedem dieser vielen Anbetungsorte tun unsere Teams Buße dafür, dass der Erdboden dort entweiht worden war. Dann sagen wir uns von allen bekannten falschen Weissagungen los, die uns überliefert worden waren. Schließlich bitten wir den Geist Gottes zu kommen und diese Stätte zu reinigen. Wir bitten, dass die Mächte und geistlichen Fürstentümer, die hier angerufen

---

1 Dictionary.com, s.v. »altar«, letzter Zugriff 2020, https://www.dictionary.com/browse/altar?s=t

2 Easton, M.G., Easton's Bible Dictionary (New York: Harper & Brothers, 1893)

und denen hier geopfert wurden, die Gefangenen loslassen, die davon abgehalten wurden, den einen wahren Gott und Vater zu erkennen.

In der heutigen Kultur sind Altäre bei weitem nicht sehr verbreitet, obwohl viele Denkmäler regelrechte Altäre sind. Wahrscheinlich ist der aktuellste Altar das Denkmal auf dem Platz des 11. Septembers in New York City, dort wo einst die Türme des World Trade Centers standen. Riten und Zeremonien werden dort noch jahrelang stattfinden und an die Menschen erinnern, die an diesem tragischen Tag ihr Leben verloren haben. Das derzeitige 9/11 Nationaldenkmal ist zu einem modernen Altar geworden.

Inoffizielle Altäre oder Hausaltäre

Es gibt viele inoffizielle Altäre. Meist sind sie nicht so offensichtlich, da sie sich in unseren Häusern befinden und sehr individuell sind. Moderne Hausaltäre können von Bildern der Jungfrau Maria bis hin zu Statuen des rundbäuchigen Buddha alles Mögliche sein. Einige verehren Musiker oder Filmstars und bauen Altäre für sie. Bei dem Befreiungsdienst an Einzelpersonen haben wir im Laufe der Jahre festgestellt, dass einige Menschen übertriebene Altäre um persönliche Beziehungen herum bauen.

Als ich, Chuck, einmal in Malaysia diente, überquerte ich die Straße zu einem Schneider, um ein paar Hemden anfertigen zu lassen. Kleidung kostet in asiatischen Ländern unglaublich wenig und die Qualität ist super. Ich suchte einen Stoff aus und nachdem Maß genommen worden war, wurde mir zugesichert, dass die Kleidungsstücke am nächsten Tag fertig sein würden.

Als ich am nächsten Tag während der Mittagspause zurückkam, fand ich den Schneider vor einer Buddha Statue sitzend, welcher er Reis dargebracht hatte. Weihrauch brannte und der Mann betete die Statue an. Ich entschuldigte mich für die Störung, aber er sagte mir, dass ich nur jetzt die Hemden bekommen könnte.

John Price, ein Freund, der bei diesem Dienst dabei war, war mit mir in den Laden gekommen. Ich bezahlte die Hemden und wir gingen. Aber jedes Mal, wenn ich eines dieser Hemden trug, erinnerte mich John daran, dass sie einem Götzen geweiht worden waren. Schlussendlich schaffte ich die Kleidungsstücke aus meinem Haus. Viele Häuser haben Altäre, die der Anbetung gewidmet sind – einige für den Herrn des Himmels und der Erde, andere für falsche Götter.

Während moderne Altäre nicht immer offensichtlich sind, waren sie in biblischer Zeit sehr sichtbar. In Genesis 8,20 wird berichtet, wie Noah »einen Altar für den Herrn« baute. Da es massenhaft Steine gab, bestanden normalerweise viele Altäre im Alten Testament aus einem Haufen von verschiedenen Steinen oder manchmal auch nur aus einem großen Stein. In dieser Bibelstelle nahm Noah »welche von allem reinen Vieh und von allen reinen Vögeln« und opferte sie als Brandopfer auf dem Altar, den er gebaut hatte. In der Apostelgeschichte dagegen lesen wir, dass der Apostel Paulus auf einen Altar mit der Inschrift »Dem unbekannten Gott« stieß (Apostelgeschichte 17,23). So wie heute waren also auch in biblischer Zeit nicht alle Altäre dem einen, wahren Gott gewidmet.

Der Bund und der Altar

Im Alten Bund gab es einen direkten Zusammenhang zwischen dem Gehorsam gegenüber dem Gesetz Gottes und dem Segen, den eine Nation bekam. Im Gegensatz dazu wurde derjenige verflucht, der den Bund übertrat oder den Schutz Gottes verließ. Das Buch Richter zeigt deutlich, dass jedes Mal, wenn Israel dem Herrn nicht gehorchte, sie sich auch nicht mehr um den Altar Gottes kümmerten und das Feuer ausgehen ließen. Wenn das Volk das Feuer auf Gottes Altar erlöschen ließ, bauten sie meistens Altäre für falsche Götter an deren Stelle, vor allem welche für Baal.

Wir können im Alten Testament folgendes Muster beobachten, das zur Katastrophe führte:

- Vernachlässigung des Altars
- Mangel an Heiligkeit
- Mangel an Ehrfurcht vor dem Herrn
- Autonomie

Den Altar zu vernachlässigen, führt zu Hochmut und dem Leugnen von Gottes Macht. Es entspricht der Warnung von 2. Timotheus 3,5: »Nach außen tun sie zwar fromm, aber von der Kraft des wirklichen Glaubens wissen sie nichts« ...sie haben zwar den äußeren Schein von Gottesfurcht, deren Kraft aber verleugnen sie. Genau das war das Ergebnis, wenn das Volk Gottes den Altar vernachlässigte und das Feuer ausgehen ließ. Wenn wir das Kreuz Christi als unseren geistlichen Altar der Anbetung und Verehrung vernachlässigen, lässt die Kraft Seines Geistes nach und verlässt uns eventuell am Ende sogar ganz.

Für Gläubige ist das Kreuz nicht nur der Ort, an dem der Preis der Sünde bezahlt wurde, sondern auch das Hoffnungszeichen des ewigen Sieges durch die Kraft Seiner Auferstehung. Indem wir das Kreuz vernachlässigen, kehren wir der ewigen Hoffnung den Rücken zu. Wenn wir den Altar des Kreuzes vernachlässigen, haben wir nichts außer einer religiösen Hülle ohne das Leben, die Kraft, die Liebe oder die Frucht des Heiligen Geistes.

Ein Begegnungsort für die Beziehung mit Gott

Der Altar ist ein Begegnungsort zwischen Gott und uns – es ist ein Ort echter und aufrichtiger Beziehung, wo unser Heiliger Gott sich mit uns treffen und Sein Feuer auf uns fallen kann. Gott schuf uns, damit wir eine Beziehung mit Ihm und den Menschen um uns herum haben. Diese Beziehung wird am besten durch Geben und Nehmen beschrieben: »Denn so sehr hat Gott die Welt geliebt, dass er seinen eingeborenen Sohn gab, damit jeder, der an ihn glaubt, nicht verlorengeht, sondern ewiges Leben hat.« (Johannes 3,16).

Der Altar wurde eingeführt, damit Sein Volk wieder in die Gemeinschaft mit Ihm gebracht werden kann, indem es Sünd-, Schuld- und Gemeinschaftsopfer darbringt. In Gottes Plan ist der Altar der zentrale Ort, an dem beständige Liebe gezeigt wird. Aus diesem Grund gibt es ihn; auf ihm geben und empfangen wir. Für uns ist er der Ort, an dem wir alles empfangen, was Gott für uns bereitet hat. Der Altar befand sich im Kern von Gottes Heilsplan, da er auf das Kreuz von Christus wies, welches die Quelle allen göttlichen Segens ist.

Im Alten Testament stand der Altar in direktem Bezug zu dem geistlichen und materiellen Segen, den Gott für Sein Volk vorgesehen hatte. In 2. Mose 23,25-26 steht folgendes Versprechen Gottes: »Und ihr sollt dem HERRN, eurem Gott, dienen, so wird er dein Brot und dein Wasser segnen; und ich will die Krankheit aus deiner Mitte hinweg nehmen. Es soll keine Fehlgebärende oder Unfruchtbare in deinem Land sein; ich will die Zahl deiner Tage vollmachen.«

Außerdem sagt Gott in 2. Mose 20,24, als er zu den Israeliten in der Wüste sprach: »Einen Altar aus Erde sollst du mir machen und darauf deine Brandopfer und deine Friedensopfer, deine Schafe und deine Rinder darbringen; an jedem Ort, wo ich meines Namens gedenken lasse, dort will ich zu dir kommen und dich segnen.«

In diesem Buch sprechen wir nicht über einen wortwörtlichen Altar aus Steinen oder über materielle Opfergaben. Wir sprechen vielmehr über die geistlichen Auswirkungen des Altars für unser tägliches Leben und unserem Wandel – Auswirkungen, welche unser geistliches Wachstum fördern, siegreiches christliches Leben Realität werden lassen, den auferstandenen Herrn verherrlichen und sogar Erweckungsfeuer für geistliches Erwachen und Erneuerung freisetzen.

Was mit *den Altar wiederherstellen* gemeint ist

Wenn wir heute den Altar für ein neues Feuer wiederherstellen, dann geht es nicht darum, einen physischen Altar zu bauen oder ein natürliches Feuer aufrechtzuerhalten. Bedenke, der Altar, den Gott sich wünscht, ist ein Herz, dass vollständig mit Ihm verbunden ist. Für Christen ist es heute viel wichtiger den geistlichen Altar zu bauen und wiederherzustellen, der das geistliche Feuer der Erweckung in Gottes Königreich innehat. Denk dran, der Altar des Alten Testamentes war lediglich ein Vorgeschmack auf das, was durch Jesus Christus kam.

Wenn wir den geistlichen Altar heute wiederherstellen, dann bildet dies die Grundlage für die Erneuerung unserer:

- Liebe zu Gott
- Hingabe an Gott
- Gemeinschaft mit Gott
- Beziehung zu anderen
- Gebete
- Segnungen durch Gott – Erlösung, Heilung, Frucht des Heiligen Geistes, Vollmacht, Salbung, Erfolg, Versorgung
- Zusicherung, ein Leben echten Gehorsams zu leben, um Gott zu verherrlichen. Dies geschieht, indem wir allein für Ihn leben.
- Einsatz für eine echte Erweckung
- Anbetung

Beim Altar beginnt die Anbetung des allmächtigen Gottes. Anbetung bedeutet, Gott als Schöpfer und Erlöser, als Anfang und Ende anzuerkennen. Wir setzen Ihn nicht nur an die erste Stelle, sondern beginnen und beenden auch alles für Ihn und mit Ihm. Wenn Er am Anfang von allem steht, ist das der Beginn unseres / unserer:

- Lebens
- Verlangens
- Strebens
- Vision
- Mission
- Träume
- Willens
- Vorhabens
- Ziele
- Entscheidungen
- Bestimmung
- Begabung
- Familie
- Verwandtschaft
- Freunde
- Dienstes
- Firma
- Berufes
- Erfolgs
- Leistungen
- Rufs
- Zukunft
- Zeit
- Tages
- Jahres
- Jahreszeit

Ja, Anbetung setzt Gott an die erste Stelle von allem, was wir tun und sind: »Ehre den HERRN mit deinem Besitz und mit den Erstlingen all deines Einkommens« (Sprüche 3,9). Dies ist jedoch nur möglich, im Rahmen einer unmittelbaren Beziehung zu Gott. Wir haben eine direkte Beziehung mit Ihm, wenn wir Ihn mit unserem ganzen Herzen, unserer ganzer Seele, unserem Verstand und aller Kraft lieben, seine Autorität vollständig akzeptieren und sich ihr unterstellen, und in heiliger Ehrfurcht vor Seiner Majestät leben. So besteht die einzige Möglichkeit einen Altar zu bauen und das Opfer der Anbetung, welches Gott ehrt, darzubringen, darin, Ihn zum Herrn von allem zu machen. Wenn wir anfangen, nach den Prinzipien Seiner Macht und Autorität zu leben, wird es absolut selbstverständlich und erstrebenswert sein, im Einklang mit dem Einen zu sein, den wir anbeten.

Den Altar rein halten

Ohne einen Altar der Anbetung gibt es keine geistliche Entwicklung und keine nachhaltige Veränderung. Aus diesem Grund prüft Gott die Anbetung durch Opfer immer wenn etwas Neues beginnt. So tat er es zum Beispiel bei Adams Nachkommen. Zuerst wollte Gott herausfinden, ob Kain und Abel ein akzeptables Opfer der Anbetung vorbereitet hatten. Sowohl Kain als auch Abel brachten ihre Opfergaben; der Herr betrachtete zwar beide, jedoch nahm Er Kains Opfer nicht an. Kain wollte den Herrn so anbeten, wie er es selbst für richtig hielt. Abel dagegen gehorchte dem, was Gott ihnen über Opfer der Anbetung offenbart hatte – welches wahrscheinlich auf irgendeiner Art von Altar dargebracht wurde.

Das Problem lag nicht an dem, was sie brachten oder taten, sondern warum sie es brachten und wie sie es taten. Kain betete auf die Art an, die ihm selbst gefiel. Der Herr warnte ihn, aber er wollte nicht auf Gott hören oder Ihm gehorchen. Tatsächlich ist Gehorsam viel wichtiger als zu opfern. Wenn jemand seinen oder ihren eigenen Weg der Anbetung wählt, ist die Tür für den Feind offen.

Genau das passierte Kain. Trotz Gottes Warnung, dass »die Sünde schon vor [seiner] Tür lauert«, verhärtete Kain sein Herz und weigerte sich zu hören (1. Mose 4,7). Er tötete seinen Bruder, und es ist gut möglich sich vorzustellen, dass er das mit demselben Messer tat, welches Abel benutzt hatte, um die Tiere zu opfern, die er als Anbetung dargebracht hatte. Falls das stimmt und Abel irgendeine Art von Altar für seine Opfergabe baute, ist es dann nicht sehr erstaunlich, dass der erste Mord in Zusammenhang mit einem Altar der Anbetung steht? Wir wissen dies nicht mit Sicherheit. Aber wir wissen, dass, wenn ein Altar der Anbetung zweckentfremdet wird, es Auswirkungen darauf hat, wie geistlich sensibel wir sind, Gott zu hören und Ihm zu gehorchen.

Am Anfang der neutestamentlichen Gemeinde gab es eine ähnliche Situation. Ein Mann und seine Frau, Hananias und Saphira, verkauften ein Grundstück und brachten ein Teil des Geldes den Aposteln, damit es denen gegeben werden kann, die bedürftig waren. Andere, die ihren Besitz verkauften, brachten alles und rechneten wahrheitsgemäß ab, wenn sie das Geld den Aposteln zu Füßen legten. Hananias und Saphira hielten jedoch etwas von dem Geld zurück, aber sie taten so, als ob sie alles gebracht hätten.

Petrus durchschaute ihren Betrug. »Petrus aber sprach: Ananias, warum hat der Satan dein Herz erfüllt, sodass du den Heiligen Geist belogen hast und von dem Erlös des Gutes etwas für dich auf die Seite geschafft hast?« (Apostelgeschichte 5,3). Genauso wie Kain, beschloss dieses Ehepaar den Herrn so anzubeten, wie sie es wollten. Das öffnete die Türen ihrer Herzen für das Böse: »Warum hat der Satan dein Herz erfüllt?« Sie belogen den Heiligen Geist in Übereinstimmung mit Satan und ließen sich mit ihrem ganzen Willen auf das Böse ein. Infolgedessen kamen sie unter das Gericht Gottes.

Wie halten wir den Altar rein? Es gibt drei Schlüsselelemente:

Das erste Schlüsselelement

Das erste Schlüsselelement, um den Altar der Anbetung rein zu halten, ist, sich Gott in heiliger Ehrfurcht und gemäß Seinem Wort zu nähern.

Sogar David beging einen Fehler als er die Bundeslade auf einem Wagen nach Jerusalem brachte, und so die Anweisungen Gottes nicht befolgte. Trotz der großartigen Anbetung und Feier handelte er nicht in Übereinstimmung mit Gottes Anweisungen. »Da entbrannte der Zorn des HERRN über Ussa, und er schlug ihn, weil er seine Hand an die Lade gelegt hatte; und er starb dort vor Gott.« (1. Chronik 13,10).

Gottes Wort gibt uns eine klare Anleitung, wie wir uns Ihm nähern können: »So lasst uns nun mit Freimütigkeit hinzutreten zum Thron der Gnade, damit wir Barmherzigkeit erlangen und Gnade finden zu rechtzeitiger Hilfe!« (Hebräer 4,16).

Das zweite Schlüsselelement

Das zweite Schlüsselelement, um den Altar der Anbetung rein zu halten, ist, den Altar der Anbetung zu Beginn von jedem neuen Zeitabschnitt oder jeder Veränderung, die Gott in unser Leben bringt, zu bauen oder zu erneuern.

Dies bildet eine stabile Grundlage für alles, was kommt, oder wohin der Herr uns führt.

Die erste in der Bibel erwähnte Person, die einen Altar für Gott baute, war Noah. Der Herr suchte jemanden, der eine Arche baute, damit Er die Menschheit retten konnte. Er fand Noah: »Durch Glauben baute Noah, als er eine göttliche Weisung empfangen hatte über die Dinge, die man noch nicht sah, von Gottesfurcht bewegt eine Arche zur Rettung seines Hauses; durch ihn verurteilte er die Welt und wurde ein Erbe der Gerechtigkeit aufgrund des Glaubens.« (Hebräer 11,7).

Nachdem die Flut alles zerstört hatte, befahl der Herr ihm aus der Arche zu kommen und von Neuem zu beginnen. Und sobald er mit seiner Familie und den Tieren aus der Arche gekommen war, um einen neuen Zeitabschnitt zu beginnen, baute er einen Altar. »Noah aber baute dem HERRN einen Altar und nahm von allem reinen Vieh und von allen reinen Vögeln und opferte Brandopfer auf dem Altar.« (1. Mose 8,20).

Der Herr antwortete auf Noahs Opfer auf dreierlei Weise:

- Er war sehr zufrieden mit dem Opfergeruch der Gehorsamkeit.
- Er schwor nie wieder die Erde durch eine Flut zu zerstören und versprach der Menschheit, dass die Jahreszeiten Bestand haben werden.
- Er segnete Noah und seine Familie und befahl ihnen sich auf der Erde zu vermehren.

Für den Glaubensvater Abraham begann ebenfalls ein neuer Zeitabschnitt, als er einen Altar baute. Er hatte sich auf Gottes Ruf eingelassen, sein Land, sein Volk und das Haus seines Vaters zu verlassen, um Gott zu folgen. Als Abraham im Land der Kanaaniter ankam, erschien ihm der Herr und versprach Abrahams Nachkommen dieses Land. »Da erschien der HERR dem Abram und sprach: Deinem Samen will ich dieses Land geben! Und er baute dort dem HERRN, der ihm erschienen war, einen Altar.« (1. Mose 12,7).

Seit diesem Zeitpunkt war es ein Kennzeichen von Abrahams Leben, dass er dem Herrn Altäre baute. Seinen bedeutendsten Altar baute er auf dem Berg Moria, um seinen Sohn Isaak zu opfern, weil er Gottes Stimme gehorsam sein wollte. Bei diesem

Altar empfing Abraham göttliche Anerkennung und bekam von Gott das ewige Versprechen in Bezug auf seine Nachkommen (siehe 1. Mose 22,15-18).

Das dritte Schlüsselelement

Das dritte Schlüsselelement, um den Altar der Anbetung rein zu halten, beginnt mit der Wiederherstellung des Altars selbst und ist Grundlage eines echten geistlichen Aufbruchs oder einer Erneuerung.

Jeschua und Serubbabel begannen einen Prozess der Erneuerung, indem sie den Altar des Herrn wiederaufbauten. Sie »machten sich auf und bauten den Altar des Gottes Israels, um Brandopfer darauf darzubringen... Und sie errichteten den Altar auf seiner Grundfeste, denn Furcht vor den Völkern der [umliegenden] Länder lastete auf ihnen« (Esra 3,2-3). Indem sie den Altar an seinem bisherigen Platz errichteten, wollten sie die Gegenwart Gottes durch Anbetung sicherstellen.

Der Wiederaufbau des Altars zum Zweck der Anbetung stellte ihre Beziehung mit Gott wieder her. Die Schrift nennt uns ganz eindeutig die Verpflichtung, die wir gegenüber Gott haben: »Du sollst den Herrn, deinen Gott, lieben mit deinem ganzen Herzen und mit deiner ganzen Seele und mit deinem ganzen Denken und mit deiner ganzen Kraft!« (Markus 12,30).

Es gibt keine echte und dauerhafte Erweckung ohne den Altar der Anbetung. Wenn wir ihn jedoch wiederaufbauen, zeigt dies unseren Hingabe »zuerst nach dem Reich Gottes und nach seiner Gerechtigkeit [zu trachten]« (Matthäus 6,33).

Am Altar

Gott anzubeten ist die Grundlage, um alle Segnungen zu bekommen, die Er für Sein Volk vorgesehen hat (siehe 2. Mose 20,24). Wir empfangen Gottes Segen und werden durch Anbetung selbst zum Segen. Seine Segnungen werden freigesetzt durch unseren Gehorsam. Gott beauftragt uns eine Erneuerung zu beginnen, indem wir den Altar für Seine Gegenwart wiederaufbauen, damit Er uns mit Mut, Weisheit, Macht, Stärke, Führung, Schutz und Versorgung segnen kann.

Ich, Chuck, schrieb folgende Definition in dem Buch *Worship As It Is in Heaven*, die ich hier mit euch teilen möchte:

Bedeutende Veränderungen kommen in der Art, wie wir Gott anbeten und anerkennen. ... Gott sagt, dass in den Zeiten der Dürre und Krisen, die in den vor uns liegenden Tagen kommen werden, wir Seine Leute dahin führen werden:

- vor allem täglich anzubeten. Es kommt eine Bewegung des Heiligen Geistes in uns und um uns herum. Wir werden Lieder des Durchbruchs singen. Wir werden uns zum Sieg jubeln. Wir werden in einer Weise tanzen, wie wir noch nie getanzt haben. Wir werden niederfallen vor dem Altar, wie Hannah es tat, und vieles mehr.

- freizügig zu geben. Freizügiges Geben ist verbunden mit übernatürlichen und überzeugenden Glaubenshandlungen.

- strategisch kreativ zu sein. Diese Kreativität ist in uns angelegt. Die meisten sind sich nicht bewusst, wie tief Gottes Quelle wirklich reicht. Diese Kreativität werden wir für

> unsere Mission und unseren Auftrag nutzen. Er wird uns täglich zeigen, wie wir immer mehr Kreativität in unseren Auftrag einbringen können.[3]

Wir beten an »um Ihn zu erkennen und die Kraft seiner Auferstehung« (Philipper 3,10). Am Altar zeigen wir unsere Hingabe. Nun wollen wir uns mit der Frage beschäftigen, was ein Altar überhaupt ist.

Fragen zum Nachdenken

1. Was ist ein Altar für dich?
2. Warum ist es so wichtig den Bund zu verstehen, um das Feuer der Erneuerung zu entfachen?
3. Beschreibe, wie du deinen Altar rein halten kannst, um eine besondere Beziehung zum Herrn zu haben.

3 John Dickson und Chuck D. Pierce, Worship As It Is in Heaven (Minneapolis: Chosen, 2010), S. 42.

KAPITEL 3

Was ist der Altar Gottes?

Als ich, Chuck, mich bekehrt hatte und begann täglich Gemeinschaft mit Ihm zu haben, wurden mir zwei Dinge bewusst: Wie sehr ich ihn brauchte und dass er die Macht hatte, Gebete zu erhören. Ich erinnere mich, dass ich wegen eines ernsten Problems, welches in mein Leben getreten war, zu Ihm kam. Ich wusste, dass die Situation für mich unüberwindbar war, und nur durch Sein Eingreifen sich etwas verändern konnte.

Eines Morgens sprach Er zu mir und sagte: *»Bring es zu Meinem Altar!«*

Ich merkte wie sehr ich mich ärgerte und bettelte, anstatt im Vertrauen zu beten. Doch dann zeigte Er mir, dass Er drei Dinge tun konnte, wenn ich bereit war, das Problem zu Seinem Altar zu bringen: Er konnte das, was ich in meinem Herzen trug, so *belassen,* es *wegnehmen* oder es *verändern.*

Ein Ort göttlicher Begegnung

Durch das Kreuz Christi ist der Altar Gottes zu einem Ort göttlicher Begegnung geworden. Am Altar empfangen wir Barmherzigkeit und Gnade für unsere Erlösung. Durch die Kraft des Heiligen Geistes richten wir uns hier auf unseren Stand als Gotteskind und auf Anbetung aus. Der Altar Gottes ist der Ort, an dem wir in Seine heilige Gegenwart, dem ewigen Bund und zur ständige Erneuerung des Lebens eintreten. Dadurch spiegeln wir Seine Herrlichkeit wider, während wir in das Bild Christi verwandelt werden.

Der Altar Gottes ist ein Ort, an dem wir Sekunde um Sekunde den eigenen Willen aufgeben, um dem Herrn zu begegnen. Nur wer seinen Willen opfert, kann in Einklang mit Ihm sein. Nun »lebe in Wirklichkeit nicht mehr ich, sondern Christus lebt in mir« und »täglich sehe ich dem Tod ins Auge« (Galater 2,20 und 1.Korinther 15,31 GNB). Der Altar ist der Ort, wo wir unser ganzes Leben Gott bringen. Paulus fordert dazu auf: »Ich ermahne euch nun, ihr Brüder, angesichts der Barmherzigkeit Gottes, dass ihr eure Leiber darbringt als ein lebendiges, heiliges, Gott wohlgefälliges Opfer: Das sei euer vernünftiger Gottesdienst!« (Römer 12,1). Nicht mehr unser Wille oder unsere Interessen sind entscheidend. Alles, was wir haben und sind, gehört Jesus. Solange wie wir nicht zum Altar (der Opferstätte) kommen und unser Leben vollständig hingeben, ist Jesus Christus nicht unser Herr und König dem wir täglich dienen (vergleiche Römer 14,7).

Das Leben eines Christen sollte ein Leben sein, in dem Jesus lebt. Als Jesus Seines auf den Altar des Vaters legte, um den Plan zur Erlösung in der irdischen Welt zu erfüllen, sagte er, genauso wie auch wir es sagen sollen: »Vater... doch nicht mein, sondern dein Wille geschehe!« (Lukas 22,42). Sich am Altar aufzuhalten bedeutet für einen Gläubigen, in der heiligen Bundesgemeinschaft mit dem Lebendigen Gott zu bleiben und einen Lebensstil des Gehorsams zu führen. Wir werden also ein lebendiges Opfer.

Als wir das Alte Testament untersuchten, entdeckten wir drei Arten von Altären. Diese drei verschiedenen Arten müssen wir grundlegend verstehen, um unsere Altäre für ein neues Feuer wiederherstellen zu können.

Der Steinaltar

Die erste Art von Altar, die wir im Alten Testament finden, wurde aus Felsen oder Erde auf erhöhten Plätzen oder Hügeln gebaut. Diese Art hatte keine spezielle Gestalt und keinen näher beschriebenen Standort und wurde für Brandopfer oder Opfer für Gott benutzt.

Wie wir bereits erwähnt haben, ist der erste Altar der, den Noah für den Herrn nach der Sintflut baute. Und er »nahm von allem reinen Vieh und von allen reinen Vögeln und opferte Brandopfer auf dem Altar.« (1. Mose 8,20). Die Bibel sagt, dass der Herr mit Noahs Opfer zufrieden war. Später baute Abraham ähnliche Altäre (zum Beispiel in 1. Mose 12-13 und 22). Offensichtlich akzeptierte Gott solche Altäre. Psalm 51,19 zeigt, dass Gott sich mehr für den Zustand des Herzens interessiert, als für die Form des Altars: »Die Opfer, die Gott gefallen, sind ein zerbrochener Geist; ein zerbrochenes und zerschlagenes Herz wirst du, o Gott, nicht verachten.«

Ein anderer wichtiger Aspekt dieser ersten Art von Altar ist, dass kein Priester erwähnt wird. Scheinbar war die Gegenwart eines Priesters nicht notwendig (siehe 2. Mose 20,24-26). Diese Art von Altar bestand zwischen Gott und der einzelnen Person (der Gruppe), die Ihn anbeten und ehren wollte.

Für die heutigen Gläubigen des Neuen Testaments ist dieser Punkt entscheidend. Unsere persönlichen Altäre sind für Gott sehr wichtig und Er genießt es, wenn wir uns versammeln um Ihn anzubeten und zu ehren. Jesus versprach, dass Gott genau dann mit dabei ist.

Diesem persönlichen Altar muss ein privates oder nicht-öffentliches Leben der Anbetung vorausgehen, indem wir das Wort studieren und Gott mit allem, was wir haben und tun, ehren. Wenn wir keinen persönlichen Altar haben, auf dem wir Gott Opfer, Lob und Anbetung bringen, wird der öffentliche Altar Gott keineswegs beeindrucken. Öffentliche Aktivitäten, Leistungen oder sogar Dienste können niemals eine vertraute Beziehung mit Gott ersetzen. Wir können anderen in Seinem Namen nur dienen, wenn wir unseren persönlichen Dienst gegenüber Ihm als Seine Kinder ernst nehmen. Daher müssen wir zunächst:

- unsere privaten Altäre wiederherstellen, auf denen wir selbst Lob- und Anbetungsopfer darbringen
- unsere Familienaltäre wiederherstellen, an denen die Familie zusammenkommt, um Gott zu ehren und zu verherrlichen
- unsere Altäre für den Dienst wiederherstellen, an denen sich Menschen mit dem Mandat versammeln, Sein ewiges Ziel und Seinen Willen zu erfüllen

Der Bronzealtar

Die zweite Art von Altar im Alten Testament, der Bronzealtar, hat eine spezifische Gestalt und einen bestimmten Standort. Der erste für Opfer verwendete Bronzealtar wurde nach Gottes detaillierten Vorgaben gebaut und am Eingang der Stiftshütte aufgestellt. Später errichtete man einen für den Eingang zu Salomos

Tempel. Als der Bau der Stiftshütte und später auch der des Tempels beendet war, und die Priester und das Volk Gottes konkrete Anweisungen bezüglich der Brandopfer befolgt hatten, kam Seine Herrlichkeit und füllte die Stiftshütte und den Tempel und Sein Feuer fiel, um die bereit gelegten Opfer zu verzehren (siehe 2. Mose 27; 40; 3. Mose 9,24; 2. Chronik 4-5; 7).

Schau dir diese anschauliche Beschreibung darüber an:

> *»Als nun Salomo sein Gebet vollendet hatte, da fiel Feuer vom Himmel und verzehrte das Brandopfer und die Schlachtopfer. Und die Herrlichkeit des HERRN erfüllte das Haus, sodass die Priester nicht in das Haus des HERRN hineingehen konnten, weil die Herrlichkeit des HERRN das Haus des HERRN erfüllte. Als aber alle Kinder Israels das Feuer herabfallen sahen und die Herrlichkeit des HERRN über dem Haus, da fielen sie auf ihre Knie, mit dem Angesicht zur Erde, auf das Pflaster, und beteten an und dankten dem HERRN, dass er gütig ist und seine Gnade ewiglich währt.« (2. Chronik 7,1-3)*

Die Herrlichkeit und das Feuer Gottes waren das Ergebnis davon, dass der Altar vorschriftsgemäß gebaut worden war – nämlich nach Gottes Vorschrift. Immer wenn die himmlischen Vorgaben nicht beachtet oder durch menschliche Methoden und Annahmen ersetzt werden, gibt es weder Herrlichkeit noch Feuer. Dann haben wir eine Religion ohne Vollmacht und Aktivitäten ohne nachhaltige Wirkung. Doch brauchen wir heute nicht beides? Sowohl die Herrlichkeit als auch das Feuer Gottes in unserem Leben, unseren Kirchen und bei unserer Arbeit?

Wie können wir uns sicher sein, dass der Altar nach Gottes Vorgaben gebaut wird? Das Fundament des neutestamentlichen Altars steht eindeutig auf dem Erlösungswerk des Opfers von Jesus Christus, ohne, dass eine weitere Ausschmückung nötig wäre.

So sagt Paulus:

> *»Gemäß der Gnade Gottes, die mir gegeben ist, habe ich als ein weiser Baumeister den Grund gelegt; ein anderer aber baut darauf. Jeder aber gebe acht, wie er darauf aufbaut. Denn einen anderen Grund kann niemand legen außer dem, der gelegt ist, welcher ist Jesus Christus. Wenn aber jemand auf diesen Grund Gold, Silber, kostbare Steine, Holz, Heu, Stroh baut, so wird das Werk eines jeden offenbar werden; der Tag wird es zeigen, weil es durchs Feuer geoffenbart wird. Und welcher Art das Werk eines jeden ist, wird das Feuer erproben. Wenn jemandes Werk, das er darauf gebaut hat, bleibt, so wird er Lohn empfangen; wird aber jemandes Werk verbrennen, so wird er Schaden erleiden; er selbst aber wird gerettet werden, doch so wie durchs Feuer hindurch.« (1. Korinther 3,10-15).*

Der Goldaltar

Die dritte Art von Altar ist der goldene Räucheraltar. Wie auch der Bronzealtar, wurde er nach konkreten Vorgaben und zu einem bestimmten Zweck gebaut. Allerdings wurde dieser Altar in die Stiftshütte und in den Tempel gestellt (siehe 2. Mose 30,1-10; 40,26; 1. Könige 7,48; Offenbarung 5,8; 8,3-5). Dieser Altar wurde nicht für Sünd- oder Schuldopfer verwendet, sondern auf ihm wurde ausschließlich Weihrauch zur Anbetung verbrannt. Er stand vor dem Vorhang oder dem Tuch, welches das Heilige vom Allerheiligsten trennte. Anders ausgedrückt: direkt vor dem Eingang in das Allerheiligste stand der Weihrauchaltar.

Beim Weihrauchaltar geht es um Anbetung: das süße Aroma des Lobes steigt auf. Wir können nur durch echte Anbetung in Seine Gegenwart kommen. Anbetung ist das, was dem Herzen

Gottes am nächsten kommt. Tatsächlich ist Anbetung das Einzige, was wir in diesem Leben Gott auf direkte Weise anbieten können. Nur Gott ist würdig angebetet und verehrt zu werden.

Ein anderer Name für den Goldaltar war »Räucheraltar« (3. Mose 4,7). Dieser Name zeigt uns noch einen anderen Aspekt über Anbetung. Egal ob wir Fürbitte oder demütige Bitten darbringen, Gott möchte unsere Gebete erhören.

Wenn wir zu Gott rufen, wird er uns antworten und uns große und unfassbare Dinge zeigen. König David stellte diese Wahrheit fest: »Du erhörst Gebet; darum kommt alles Fleisch zu dir.« (Psalm 65,3). »Der HERR ist fern von den Gottlosen, aber das Gebet der Gerechten erhört er.« (Sprüche 15,29).

Es gibt einen Bauplan!

Das Konzept des Altars, auf dem der Gott Abrahams, Isaaks und Jakobs angebetet wird, wurde von Gott selbst entworfen, der sich nach aufrichtiger Anbetung im Geist und in der Wahrheit sehnt. Aus diesem Grund rief Er Mose auf den Berg und gab ihm einen genauen Bauplan. Gott vertraute Mose genaue Anweisungen an und warnte ihn, nichts an den Plänen für den Altar, dem Standort des Altars und vor allem dem Zweck des Altars zu ändern.

Anbetung wird relevant und bedeutungsvoll, wenn wir dabei dem Wunsch Gottes absolut gehorchen. Samuel sagte zu König Saul: »Hat der HERR dasselbe Wohlgefallen an Schlachtopfern und Brandopfern wie daran, dass man der Stimme des HERRN gehorcht? Siehe, Gehorsam ist besser als Schlachtopfer und Folgsamkeit besser als das Fett von Widdern!« (1. Samuel 15,22).

Der göttliche Plan für den Altar

Wir müssen den göttlichen Plan für den Altar verstehen und befolgen, damit Gottes Herrlichkeit kommen und unser Leben, unsere Kirchen und Dienste erfüllen kann. Der göttliche Plan ist im Kreuz Christi tief verwurzelt. Gott hat sich festgelegt, das Kreuz Seines Sohnes zu verherrlichen. Wenn das wahre Feuer der Erweckung und damit die Herrlichkeit Gottes erscheinen soll, müssen wir wieder das Kreuz Christi in seiner Schlichtheit leben und predigen.

> *»Denn das Wort vom Kreuz ist eine Torheit denen, die verlorengehen; uns aber, die wir gerettet werden, ist es eine Gotteskraft; denn es steht geschrieben: »Ich will zunichtemachen die Weisheit der Weisen, und den Verstand der Verständigen will ich verwerfen« ... Denn weil die Welt durch [ihre] Weisheit Gott in seiner Weisheit nicht erkannte, gefiel es Gott, durch die Torheit der Verkündigung diejenigen zu retten, die glauben. Während nämlich die Juden ein Zeichen fordern und die Griechen Weisheit verlangen, verkündigen wir Christus den Gekreuzigten, den Juden ein Ärgernis, den Griechen eine Torheit; denen aber, die berufen sind, sowohl Juden als auch Griechen, [verkündigen wir] Christus, Gottes Kraft und Gottes Weisheit. Denn das Törichte Gottes ist weiser als die Menschen, und das Schwache Gottes ist stärker als die Menschen. ...Durch ihn aber seid ihr in Christus Jesus, der uns von Gott gemacht worden ist zur Weisheit, zur Gerechtigkeit, zur Heiligung und zur Erlösung.« (1. Korinther 1,18-19, 21-25, 30)*

Der Ort des Altars

Es ist wichtig zu wissen, wo der Bronzealtar, der auch »der Altar Gottes« (Psalm 43,3) und »der Altar des Herrn« (3. Mose 17,6) genannt wird, stand: Er stand am Eingang zum Heiligtum der Stiftshütte und des Tempels. Die Priester, die das Heiligtum betraten, gingen an diesem Altar vorbei, auf dem die Sühneopfer dargebracht wurden.

Wenn wir wirklich das Feuer einer dauerhaften Erweckung erleben wollen, sollten wir das Kreuz Christi an den Eingang von jedem geistlichen Unterfangen, einschließlich unserer Gottesdienste, Gebetstreffen, Hauskreise und allen anderen christlichen Diensten, stellen. Wenn wir zum Altar– also dem Kreuz Christi – kommen, befassen wir uns zwangsläufig mit Sünde; aber wir sollten keiner Sünde in unserem Herzen Raum geben. Somit ist der Bronzealtar auch der Ort des Gerichts: »Denn wenn wir uns selbst richteten, würden wir nicht gerichtet werden« (1. Korinther 11,31). Wir müssen uns jeden Tag prüfen, wenn wir am Altar vorbeigehen, um ins Heiligtum zu gelangen. Denn dort, am Altar, dem Kreuz Christi, offenbaren wir unsere Stellung als Kinder Gottes. Wenn wir jedoch diese tägliche Disziplin vernachlässigen, führt das dazu, dass die Feuer der Erweckung verlöschen. Geistliche Abkürzungen sind daher der Feind des Feuers des Heiligen Geistes.

Der Zweck des Altars

Indem wir den wahren Zweck des Altars erkennen, verlieren wir jegliche Angst, das zu sein, was Gott von uns will. Denn das, was Gott uns zuspricht, ist wahrhaft befreiend. Er sagt zu uns: »Das Werk deine Sünde zu bedecken und unserer Beziehung wiederherzustellen, ist getan. Du musst nichts leisten; nimm nur Meine Gnade an.«

Wir müssen uns nicht verausgaben, um zu dienen. Wir müssen nur am Altar (dem Kreuz) vorbeigehen, und dabei anerkennen, dass der Preis für unsere Sünde bezahlt ist. Wir müssen nicht arbeiten, als wären wir verurteilte Gefangene: »So gibt es jetzt keine Verdammnis mehr für die, welche in Christus Jesus sind« (Römer 8,1). Der Altar ist dazu da, uns zu versichern, dass wir nun - weil wir empfangen haben - Ihm auch etwas zurückgeben können. Wenn wir am Altar vorbei in unsere Berufungen gehen – welche Berufung das auch immer sein mag –, werden wir daher alles zur Ehre Gottes tun. Wir leben für Ihn wegen dem, was Er für uns getan hat. Wir dienen Ihm, weil wir Ihn lieben. Wie Paulus schrieb: »Denn die Liebe des Christus drängt uns, da wir von diesem überzeugt sind: Wenn einer für alle gestorben ist, so sind sie alle gestorben; und er ist deshalb für alle gestorben, damit die, welche leben, nicht mehr für sich selbst leben, sondern für den, der für sie gestorben und auferstanden ist« (2. Korinther 5,14-15).

Das Feuer des Altars

Das Feuer Gottes ist im Himmel nie erloschen. Auf der Erde dagegen dämpfen oder löschen wir manchmal das, was brennen bleiben sollte. Warum ist es so wichtig, dass das Feuer Gottes jederzeit auf dem Altar brennt? Mose warnte die Israeliten eindringlich, nachdem sie die Stiftshütte gebaut hatten: »Ein beständiges Feuer soll auf dem Altar in Brand gehalten werden; es soll nie erlöschen!« (3. Mose 6,6). Ohne den Altar gibt es keine Opferstätte und ohne das Opfer gibt es kein Feuer. Das Feuer Gottes verzehrt das Opfer. Ohne das Feuer Seiner Gegenwart gibt es keine Herrlichkeit.

Lasst uns einen Blick darauf werfen, was passiert, wenn das Feuer ein Ende findet und die Gegenwart Gottes nicht mehr spürbar anwesend ist:

- *Gnade wird Gesetz und uns geht das Wesen echter Anbetung verloren.* Ohne Gottes brennendes Feuer gibt es keine Gnade, aus der man dient.

- *Kompetenzen werden zu Privilegien.* Wenn das Feuer ausgeht, missbrauchen wir Kompetenzen.

- *Autorität wird missbraucht.* Wir verlieren das Mitgefühl Gottes.

- *Liebe wird eigennützig.* Wir lieben andere aufgrund falscher Motive. Wir sagen, dass wir Gott lieben, tun dies aber allein aus egoistischen Gründen.

- *Anbetung wird zu einem Ritual.* In der Anbetung ist die Realität und Gegenwart des Herrn Jesus durch die Kraft des Heiligen Geistes verloren gegangen.

- *Dienst wird zu Arbeit und somit zu einer Möglichkeit, den Lebensunterhalt zu verdienen, oder zu einer Chance, sich präsentieren zu können.* Es ist nicht falsch, den Lebensunterhalt für unsere täglichen Bedürfnisse zu verdienen. Aber wenn wir uns darauf fokussieren und das zum Ziel unseres Dienstes machen, übersehen wir das Wesentliche.

- *Geistliches Leben wird zur Religion.* Anstatt im Glauben zu leben, praktizieren wir eine Religion.

- *Scheinbare Gerechtigkeit wird verwendet, um einen inneren Mangel an Reinheit oder Integrität zu überdecken.* Äußerliche Redewendungen werden pharisäerhaft.

- *Geistliche Gaben werden benutzt, um sich selbst zu beweihräuchern.* Geistliche Gaben sind dazu gedacht, um den Herrn Jesus Christus zu verherrlichen, nicht uns selbst.

- *Materieller Besitz wird zum wichtigsten Gut im Leben.* Reichtum wird zum Selbstzweck und hat keinen Bezug mehr zum Reich Gottes.

- *Wettbewerb wird zu einem Lebensstil auf Kosten der Einheit im Geist.* Wir vergleichen uns mit anderen, anstatt mit Jesus.

- *Hingabe an Gott und der Einsatz für Gottes Reich wird zu einem Bereich von »ein paar Fanatikern«, anstatt zum Lebensstil eines jeden Gläubigen.* Um aufrichtig sagen zu können: »Geheiligt werde dein Name«, müssen wir das Feuer der Anbetung am Leben erhalten.

- *Religiöse Formen und Aktivitäten ersetzen unsere Beziehung zu Gott.* Gott wünscht sich, dass wir in eine außergewöhnliche Beziehung mit ihm treten. Eine Form ohne Inhalt darf die innere Schönheit unserer täglichen Beziehung zu unserem Gott nicht ersetzen. Ansonsten haben wir nur ein hohles, äußerliches Dasein – eine »Form der Frömmigkeit« ohne Kraft.

Wir müssen unsere Beziehung mit dem Vater durch den Sohn und mit Hilfe des Geistes bewahren. Wir müssen unsere Herzen und Gewissen schützen, damit wir Gott »sehen«. Wir müssen unseren Begegnungsort – den Altar –, bei dem wir zum Herrn kommen, behüten.

Fragen zum Nachdenken?

1. Wie lautet eine für dich nachvollziehbare Definition von Altar?
2. Beschreibe die Wiederherstellung des Altars und seine Bedeutung in deinen eigenen Worten.
3. Was könnte sich in deiner Heimatgemeinde ändern, wenn der Altar dort wiederhergestellt werden würde?

KAPITEL 4

Den Altar vor dem Verfall bewahren

Ich, Chuck, liebe es von Land zu Land zu reisen. Auch Alemu ist jedes Jahr international unterwegs und wir haben beide ein Herz für die Nationen. In Amerika hatte ich die Ehre, von Staat zu Staat und von Region zu Region zu reisen, um Gottes übrigen Wächter in der Fürbitte zusammen zu führen. Zuletzt waren wir mit John und Sheryl Price in New Jersey bei einer großen Versammlung mit dem Namen »Die Wiederherstellung des Altars unserer Nation«. Es waren staatliche Vertreter aus jeder der ursprünglich dreizehn Kolonien Amerikas dabei, den Kolonien, die die Grundlage der Rechtschaffenheit in dieser Nation formten. Darüber hinaus hatte auch Neuschottland, für das einst eine Eigenstaatlichkeit in Betracht gezogen wurde, eine Delegation aus Leitern und Fürsprechern zu dieser Versammlung geschickt. Das Ziel dieser Veranstaltung war es, einen Altar der Anbetung des Lebendigen Gottes, der Seinen Sohn opferte, damit alle Menschen in jeder Nation erlöst werden können, wiederherzustellen. Diese Veranstaltung war von historischem Wert und ein Schlüsselereignis für die Zukunft Amerikas.

Während ich in New Jersey war, besuchte ich in der Stadt Basking Ridge Peter und Trisha Roselle, die Pastoren der großartigen apostolischen »King of Kings Worship Center« Gemeinde. In Vorbereitung auf die »Dreizehn Kolonien«-Veranstaltung, die ich eben beschrieben habe, hatten die beiden in ihrer Gemeinde über das Thema »Wiederherstellung des Altars« gelehrt. Daraus teilte Trisha Folgendes mit uns:

> *Wenn wir unseren persönlichen Altar bewahren, bildet das die Grundlage für eine dauerhafte Beziehung zu unserem Schöpfer und Erlöser. Wir schützen die Bedeutung von dem Ort, an dem wir uns befinden und unserer Vision. Wir müssen das immer mehr verstehen und unsere Strategie anpassen, damit wir das ursprüngliche Ziel, den Wert oder den Zweck des Kommens des Herrn sowie Seines Heilsplans nicht aus den Augen verlieren. Einen Altar zu bauen bedeutet Gott nach Seinem ursprünglichen Plan anzubeten und das ist sehr wichtig.*
>
> *Als Mose auf dem Berg war, erhielt er detaillierte Anweisungen für den Bau des Altar Gottes, der ein Teil der Stiftshütte war und der Anbetung diente. Gott wollte unter Seinem Volk, den Israeliten, wohnen. »Und sie sollen mir ein Heiligtum machen, damit ich in ihrer Mitte wohne! Genau so, wie ich dir das Vorbild der Wohnung und das Vorbild aller ihrer Geräte zeigen werde, so sollt ihr es machen.« (2. Mose 25,8-9). Die Israeliten waren verantwortlich dafür, die Gegenwart des Herrn, der unter ihnen wohnen wollte, aufzunehmen. Heute bewahren wir diesen Altar, um unsere persönliche Beziehung zu Ihm zu stärken. Im Alten Testament lesen wir von der Bedeutung*

des Altars, von der Instandhaltung und was geschieht, wenn wir unsere Verantwortung vernachlässigen oder veruntreuen.
Jede echte Erneuerung beginnt mit dem Wiederaufbau des Altars Gottes. Als die übriggebliebenen Israeliten aus Babylon zurückkamen, bauten sie zuerst den Altar Gottes wieder auf. Damit dieser Bestand hatte, erneuerten sie auch das Fundament für den Tempel und stellten so den Segen Gottes für die Nation wieder her.
Der Herr sagte zu ihnen:
»So achtet nun aufmerksam darauf, von diesem Tag an und weiterhin, vom vierundzwanzigsten Tag des neunten Monats an, von dem Tag an, da der Grundstein zum Tempel des HERRN gelegt worden ist, achtet darauf! Liegt das Saatgut immer noch im Speicher? Hat auch der Weinstock, der Feigenbaum, der Granatapfel- und der Ölbaum noch nichts getragen? Von diesem Tag an will ich segnen!« (Haggai 2,18-19)

Daher gibt es einen direkten Zusammenhang zwischen dem Segen für das Volk des Bundes und ihrem Leben in Anbetung und Hingabe an Gott.

Eli war sowohl Hohepriester als auch einer der letzten Richter des alten Israels, bevor die Zeit der Könige begann. Doch seine zwei Söhne waren bestechlich und entehrten so das Priesteramt. Der Herr ermahnte Eli mit diesen Worten: »Warum tretet ihr denn meine Schlachtopfer und Speisopfer, die ich für [meine] Wohnung angeordnet habe, mit Füßen? Und du ehrst deine Söhne mehr als mich, sodass ihr euch mästet von den Erstlingen aller Speisopfer meines Volkes Israel!« (1. Samuel 2,29). Doch Eli schaffte es nicht, seinen Söhnen wegen ihres gotteslästerlichen Verhaltens Grenzen zu setzen. So sprach der Herr erneut zu Eli durch den kleinen Jungen Samuel. Anstatt zu bereuen und seine Beziehung zu dem Herrn wieder in Ordnung zu bringen, antwortete Eli: »Er ist der HERR; er tue, was ihm wohlgefällt!« (1. Samuel 3,18).

Eine Folge davon war, dass Israel von seinen Feinden besiegt, die Bundeslade des Herrn von den Philistern erbeutet und Elis Söhne getötet wurden. Der Schutz Gottes war weg und der Hohepriester starb. Elis schwangere Schwiegertochter nannte ihren neugeborenen Sohn »...Ikabod (Fort ist die Herrlichkeit). Sie dachte dabei an den Verlust der Bundeslade und an den Tod ihres Schwiegervaters und ihres Mannes und sagte: »Die Herrlichkeit Gottes ist fort aus Israel! Die Lade Gottes ist verloren!«« (1. Samuel 4,21-22 GNB).

Das Traurigste dabei war, dass die geringschätzige Behandlung des Gottesaltars auch die Identität der neuen Generation beeinflusste: Sie lebten als ein Volk, unter dem die Herrlichkeit Seiner Gegenwart nicht vorhanden war. Außerdem machte der Herr ihre unrechtmäßigen Altäre zunichte. »Ihr Herz ist falsch, nun sollen sie es büßen: Er wird ihre Altäre zerschlagen, ihre Götzenbilder zertrümmern.« (Hosea 10,2).

Der Altar ist heute noch genauso wichtig wie damals und wie wir ihn behandeln, beeinflusst auch unser heutiges Leben. In den nächsten Kapiteln werden wir über den Segen sprechen, der kommt, wenn der Altar aufrechterhalten wird. Zuerst jedoch sehen wir uns an, wie wir den Altar Gottes zerstören.

Der Altar Gottes verfällt

Wie wir in den Berichten der Heiligen Schrift sehen, verfiel der Altar, wenn die Priester, Propheten und geistlichen Leiter sich nicht mehr um ihn kümmerten, ihn vernachlässigten oder ihn missbrauchten. Hier kommen zehn konkrete Möglichkeiten, wie ein Altar zerstört werden kann:

Indem der Opferplatz nicht geschützt wird

Wahrscheinlich verfällt der Altar Gottes am häufigsten, weil er vernachlässigt wird. Wir sind zu sehr damit beschäftigt, unseren persönlichen Interessen nachzugehen. So war es gang und gäbe in der Zeit des Propheten Haggai. Diejenigen, die aus der Gefangenschaft zurückgekehrt waren, um den Tempel Gottes wiederaufzubauen, konzentrierten sich in erster Linie ganz auf den Bau ihrer eigenen Häuser. Daran gibt es eigentlich nichts auszusetzen, aber indem sie sich darauf konzentrierten, vernachlässigten sie das Haus Gottes. Der Herr sandte drei Propheten – Haggai, Sacharja und Maleachi – um das Volk aufzufordern, den Tempel zu bauen und instand zu halten.

Dasselbe gilt heute für unser persönliches Leben und unseren Dienst. Wenn wir das Feuer wahrer Erweckung erleben wollen, müssen wir tun, was Jesus gesagt hat: »Trachtet vielmehr zuerst nach dem Reich Gottes und nach seiner Gerechtigkeit, so wird euch dies alles hinzugefügt werden!« (Matthäus 6,33).

Der Altar des Herrn verfällt im Leben des Einzelnen, in Kirchen und Diensten, wo persönliche Interessen und finanzieller Gewinn unsere Prioritäten werden. Wir müssen zu unserer ursprünglichen Berufung zurückkehren, unsere Altäre wiederherstellen und Gott bitten Feuer zu senden. Nur dann werden die Nationen auch Sein Feuer sehen und zu Ihm zurückkehren und ausrufen: »Der HERR ist Gott! Der HERR ist Gott!« (1. Könige 18,39).

Durch ein mangelndes Interesse für die Dinge des Herrn

Als Jesus auf der Erde wirkte war eine schwerwiegende Sünde der Pharisäer, dass sie sich nicht um die Dinge des Herrn kümmerten. Sie interessierten sich mehr für ihre Traditionen. Sie beteten Gott nicht von Herzen in Wahrheit und im Geist an. Wegen dieser Haltung zerstörten sie den Altar Gottes.

Dies gilt auch heute noch, sowohl im persönlichen, als auch im kirchlich bzw. dienstlichen Bereich. Da wir Menschen sind, lassen wir oftmals die Werte des Reiches Gottes hinter unseren Traditionen, Kulturen, Bräuchen, Einstellungen, Weltanschauungen, politischen und sozialen Ständen zurücktreten. Wenn menschliche Belange Vorrang vor den Werten des Reiches Gottes haben, ist der Altar zerbrochen und muss durch Buße wiederhergestellt werden.

Indem wir einen Altar für falsche Götter bauen

Die Anbetung von falschen Göttern war eine der Hauptsünden des Volkes Gottes im Alten Testament und verursachte große Zerstörung. Jedes Mal wenn wir Menschen geistliche Gaben, Programme oder Aktivitäten über die Dinge Gottes stellen, zerstören wir Seinen Altar. Das geschieht dadurch, dass wir den falschen Altären, was auch immer sie sein mögen, das geben, was Gott allein zusteht. Aber unser Gott teilt Seine Herrlichkeit mit Niemandem.

Auch im Christentum haben wir Helden und Superstars. In Gottes Königreich jedoch gibt es so etwas nicht; wir sind alle gleich wertvolle Glieder des einen Leibes. Wenn wir versuchen, uns oder andere zu verherrlichen, müssen wir umkehren und Buße tun, indem wir Ruhm und Lob dem Einzigen geben, dem es gebührt. Damit das Feuer der Erweckung ununterbrochen brennt, müssen sich unsere Herzen Gott allein zuwenden.

Indem wir nicht das richtige Opfer bringen

Wir lesen im Alten Testament, dass die Menschen Gottes Wort verletzten, wenn sie ein inakzeptables Opfer brachten. Inakzeptable Opfer zerstörten den Altar der Anbetung. In unserer persönlichen, familiären oder kirchlichen Zeit der Anbetung tun wir dies jedes Mal, wenn wir Gott nicht das Beste bringen; das Beste unserer Zeit, Gaben und Aufmerksamkeit.

In 1. Chronik 28,9-10 lesen wir die strengen Anweisungen, die König David seinem jungen Sohn Salomo gab, der zum Bau des Tempels auserwählt worden war. Diese Textstelle trifft auf jedes Kind Gottes zu, das Ihm durch rechte Opfer des Dienstes und des Gehorsams gefallen möchte. Sie ruft uns auf:

- Erkennt den Gott unserer Väter an!
- Dient Ihm mit aufrichtiger Hingabe!
- Dient Ihm mit einem willigen Geist!
- Wisst, dass der Herr jedes Herz erforscht und jeden Beweggrund hinter unseren Gedanken kennt!
- Sucht Ihn, dann werdet ihr Ihn finden!
- Seid mutig und stark!

- Erinnert euch daran, dass Gott uns nicht im Stich lässt oder verlässt!
- Erledigt die Aufgaben!

Jedes Mal, wenn wir uns verpflichten, ein wahres Opfer in totalem Gehorsam zu bringen, wird es immer auch Herausforderungen geben. Die Zusagen, die Salomo gegeben wurden, sind auch für uns eine Ermutigung.

Indem wir den Altar durch die Sünde des Egoismus verunreinigen

Egoismus und Habgier verunreinigen den Altar der wahren Anbetung und Verehrung. Dieser Punkt wird sehr deutlich in 1. Samuel 2 durch den sündhaften Lebensstil der Söhne des Priesters Eli veranschaulicht. Sie ehrten Gott nicht mit den Opfern, die das Volk brachte; sie waren nur daran interessiert das Beste für sich selbst zu nehmen. Sie nahmen mit Gewalt das für den Altar bestimmte Fleisch und verachteten dabei die vorgeschriebene Ordnung für den Teil, den die Priester erhalten sollten. Die Bibel beschreibt es folgendermaßen: »Die eigenen Söhne von Eli missbrauchten ihr Priesteramt. Sie kümmerten sich nicht um den Willen des Herrn...Auf diese Weise luden die Söhne von Eli schwere Schuld auf sich. Sie beleidigten den Herrn, weil sie die Opfer nicht achteten, die ihm dargebracht wurden.« (1. Samuel 2,12 und 17 GNB).

Das ist ein extremes Beispiel, doch immer wenn jemand seine egoistischen Interessen über die Herrlichkeit oder Ziele Gottes stellt, führt es zu demselben Ergebnis: Gottes Altar wird entweiht. Es braucht dringend echte Wiederherstellung, bevor die Herrlichkeit sich zurückzieht und der Herr einzelne Personen entfernt, die den Altar der Anbetung verachteten.

Man könnte meinen, dass so etwas nur im Alten Testament vorkam. Doch denke an Hananias und Saphira: Wegen ihrer Liebe zum Geld belogen sie den Heiligen Geist und mussten auf der Stelle sterben. Wenn Egoismus den Altar verunreinigt, ist es eine sehr ernste Angelegenheit, die, traurig aber wahr, noch immer im Leben Einzelner genauso wie in Kirchen und Diensten passiert. Es ist Zeit, dass der Altar wiederhergestellt wird, damit Gottes Feuer und Herrlichkeit zu uns zurückkommen kann.

Indem wir mit falschen Motiven opfern

König Saul verlor seine Königsherrschaft, weil er unbefugter Weise geopfert hatte. Als er sah, wie seine Soldaten vor dem bevorstehenden Krieg gegen die Philister davonliefen, opferte er in Panik selbst anstatt auf Samuel zu warten. Der Prophet Samuel tadelte Saul dafür: »Was hast du getan? ... Du hast töricht gehandelt! ... nun aber wird dein Königtum keinen Bestand haben.« (1. Samuel 13,11.13-14).

Angst und Unglaube sind Feinde echter Anbetung; ohne Gott zu vertrauen, können wir Ihn nicht verehren. Wie oft haben wir in unserer Anbetung und unseren Andachten wie Saul gehandelt? Wir lebten so für unsere eigenen Pläne, dass wir nicht länger warten wollten. Gott hatte sich nicht an unseren Zeitplan gehalten, daher beschlossen wir weiterzugehen. In Wirklichkeit gehen wir aber nicht weiter, sondern wir treten heraus aus dem, was Gott nach seinem Zeitplan tun möchte. Lasst uns nicht wegen unserer Ungeduld oder auf Grund selbst geschmiedeter Pläne aus dem heraustreten, wohin Gott mit uns gehen möchte.

Indem wir mit einem hochmütigen Herzen opfern

Wahrscheinlich ist das beste Beispiel für ein hochmütiges Herz König Usija, der es wagte auf dem Altar im Heiligtum Weihrauch zu verbrennen.

Als junger Regent machte König Usija alles richtig. Er hatte keinerlei Erfahrung oder Übung darin als König zu herrschen, aber er war so weise, dass er die Hilfe eines Propheten namens Secharja suchte. Secharja lehrte Usija die eine entscheidende Tugend, die es braucht um als Herrscher erfolgreich zu sein: die Furcht vor dem Herrn. In der Schrift steht: »Und er suchte Gott ... und solange er den HERRN suchte, ließ Gott es ihm gelingen.« (2. Chronik 26,5). Das heißt, solange er die Grenzen seiner Erfahrung, seiner Erkenntnis, seiner Weisheit und seiner natürlichen Ressourcen im Zusammenhang mit den Ressourcen Gottes erkannte, war er erfolgreich.

»Als er aber stark geworden war, überhob sich sein Herz zu seinem Verderben« (2. Chronik 26,16):

> *»So verbreitete sich sein Ruhm weithin, weil ihm wunderbar geholfen wurde, bis er sehr stark wurde. Als er aber stark geworden war, überhob sich sein Herz zu seinem Verderben, und er versündigte sich an dem HERRN, seinem Gott, indem er in die Tempelhalle des HERRN ging, um auf dem Räucheraltar zu räuchern.« (2. Chronik 26,15-16)*

Es gibt mehrere wertvolle Lektionen, die wir von König Usijas Stolz, der zu seinem Absturz führte, lernen können:

FURCHT DES HERRN

Solange Usija in der Furcht des Herrn lebte, hatte Gottes Stimme für ihn Priorität. Er vertraute den Botschaften des Propheten Gottes, der die Visionen und Offenbarung Gottes verstand. Usija erkannte, dass er geistliche Absicherung brauchte und dass es Verantwortungsbereiche gab. Die Furcht des Herrn ist tatsächlich der Beginn der Weisheit; genauso wie der Erkenntnis, des Verständnisses, des Urteilsvermögens, der wahren Anbetung, der Beziehung, der Erfüllung, des Gehorsams, des Erfolgs, des Einflusses und der Leistungsfähigkeit.

DEN HERRN SUCHEN

Die Schrift sagt, dass Usija so lange erfolgreich war, wie er den Herrn suchte. Mit »den Herrn zu suchen« ist das Verlangen gemeint, Gott zu kennen und Gemeinschaft mit ihm zu pflegen. Es bedeutet, Gott nachzujagen, sich an Ihn zu halten, Seinem Willen zu gehorchen und Ihn zu ehren. Den Herrn zu suchen führt zu wahrer Anbetung – als Einzelperson, in der Familie oder im kirchlichen sowie dienstlichen Zusammenhang. Für viele von uns könnte dies das fehlende Teil sein, nach dem wir uns gesehnt haben.

ERFOLG IM HERRN

Weil König Usija den Herrn fürchtete und sich bemühte Ihn zu suchen, gab Gott ihm großen militärisch Erfolg, Gelingen im Bau von Dörfern und Städten, im Aufbau eines Wassersystems und in der Entwicklung einer blühenden Landwirtschaft. Es ist ein Geschenk Gottes. Wenn Gott Erfolg schenkt, gibt er uns die Kraft, Erwartungen und bestehende Standards zu übertreffen.

Weil Usija erfolgreich und berühmt war, wurde er mächtig. Leider führte dies zu Arroganz und Stolz. Usija hörte auf den Herrn zu fürchten und zu suchen und widersetzte sich Gott, indem er ein Räucheropfer verbrannte, ohne dass er dazu berechtigt war. Stolz entweiht wahre Anbetung.

Der Stolz, der zu Usijas Absturz führte, machte ihn taub für Gottes Stimme. Es raubte seinem Herzen die heilige Furcht vor dem Herrn. Usijas Tat brachte Demütigung, eine unheilbare Krankheit (Lepra), Isolation und Tod. Außerdem verhinderte er, dass die Herrlichkeit Gottes dem Volk Gottes offenbart wurde. Die Herrlichkeit kam erst nach seinem Tod zurück (siehe Jesaja 6,1-2)

Indem wir mit unaufrichtigem Herzen opfern

Wir können Gott nicht wirklich anbeten, loben und Ihm danken, während wir der Sünde Raum geben. Auch können wir nicht mit einem kalten Herzen oder der Absicht andere zu beeindrucken in Seine Gegenwart kommen um anzubeten oder um Ihm zu dienen. Das nannte Jesus vergebliche Anbetung. »Dieses Volk naht sich zu mir mit seinem Mund und ehrt mich mit den Lippen, aber ihr Herz ist fern von mir. Vergeblich aber verehren sie mich, weil sie Lehren vortragen, die Menschengebote sind.« (Matthäus 15,8-9). Wenn wir versuchen, mit unaufrichtigen Motiven anzubeten, ist es an der Zeit, den Altar wiederaufzubauen.

Indem wir falsches Feuer anbieten

Gott hat uns nicht erlaubt unser eigenes Feuer zu bringen. Wir könnten in Versuchung geraten, unser eigenes Feuer anzubieten, wenn wir wegen eines Dienstes aufgeregt sind, oder wenn wir Gottes Willen nicht verstehen oder ungeduldig in Bezug auf Gottes Zeitplan sind. Doch nur Gottes Feuer liefert dauerhafte Ergebnisse.

Es ist unsere Verantwortung unser Leben als ein lebendiges Opfer zu bringen und uns selbst auf den Altar zu legen, indem wir uns absolut Seinem Willen übergeben. Gott selbst sendet das Feuer. Gottes Handeln nicht zu vertrauen, ist eine schwere Sünde gegen Ihn. Zwei Söhne von Aaron brachten unerlaubtes Feuer auf Gottes Altar. Obwohl sie die zweite Generation von Priestern waren, tötete der Herr sie. Falsches Feuer ist der Feind von wahrer geistlicher Erweckung. Es wirkt gegen das Feuer Gottes und gegen Gottes Plan. Wenn falsches Feuer in Form von Anbetung oder Dienst auf den Altar gebracht wurde, ist es an der Zeit den Altar wiederherzustellen und ihn erneut einzuweihen.

Indem wir teilweise oder unvollständig opfern

Das Kreuz Christi verkörperte und erfüllte alle Opfer, die Gott für Sünde verlangte. Das Opfer Christi war perfekt und vollständig. Wenn wir Gott anbeten, sollten wir jede alttestamentliche Art von Opfergabe in unsere Anbetung einbeziehen. Wir erkennen dabei an, dass das Werk Christi sie für Gott wohlgefällig und annehmbar macht.

SÜHNEOPFER

Das Sühneopfer war für Sünden, die unabsichtlich, durch Unwissenheit oder in Schwäche begangen wurden. Für solch eine Sünde leistete der Hohepriester Sühne durch ein Opfer. Unser Hohepriester, der Herr Jesus Christus, leistete Sühne für uns am Kreuz. Aber wir müssen zu Ihm kommen und Ihn bitten uns von allen verborgenen Sünden zu reinigen. Wenn wir zur Gemeinschaft und Anbetung kommen, müssen wir ihm wie David Folgendes erlauben: »Erforsche mich, o Gott, und erkenne mein Herz; prüfe mich und erkenne, wie ich es meine; und sieh, ob ich auf bösem Weg bin, und leite mich auf dem ewigen Weg!« (Psalm 139,23-24).

SCHULDOPFER

Wer sich einer Sünde oder Schadens schuldig gemacht hatte, für die volle Wiedergutmachung geleistet werden konnte, brachte ein Schuldopfer dar. Durch Christus und aufgrund von Seinem Opfer am Kreuz können wir Buße tun und Gott um Vergebung bitten. Durch Gottes Gnade, die in unserem Leben wirksam ist, können wir auch die Person, die wir verletzt haben, um Vergebung bitten. Das Wort Gottes macht es glasklar:

> *»Wenn du nun deine Gabe zum Altar bringst und dich dort erinnerst, dass dein Bruder etwas gegen dich hat, so lass deine Gabe dort vor dem Altar und geh zuvor hin und versöhne dich mit deinem Bruder, und dann komm und opfere deine Gabe! « (Matthäus 5,23-24)*

GEMEINSCHAFTSOPFER

Das Gemeinschaftsopfer war ein Ausdruck von Dank, Bund, Feier, Frieden und Versöhnung. Es war ein »Eintreten in Seine Tore« mit Dankbarkeit und Danksagung. Allein durch Christi Opfer ist es für uns möglich in Gottes Gegenwart angenommen und willkommen zu sein, während wir unseren Dank zu Seinem Thron bringen.

SPEISEOPFER

Die Frucht persönlicher Arbeit wurde Gott in einem Akt der Anbetung durch das Speiseopfer gebracht. Mit unserer Anbetung durch die Gabe des Zehnten, der Erstlingsfrüchte und des Gottesdienst tragen wir dazu bei, dass Sein Reich aufgebaut wird. Doch die Frucht unserer Arbeit findet allein wegen Christi Opfer vor Gott Gunst und Wohlgefallen.

BRANDOPFER

Das Wort Brandopfer bedeutet wörtlich »das, was zu Gott aufsteigt«. Das gesamte Opfer (das ist ein perfekten Tier ohne Makel) wurde verbrannt um totale Hingabe und vollständige Weihung zu symbolisieren und drückte aus, sich Gott hinzugeben und zu unterwerfen. Es war freiwillig und musste mit Vergebung einhergehen bevor wahre Anbetung stattfinden konnte.

Wir müssen uns daran erinnern, dass wir allein durch Christus und Sein perfektes Opfer in Gottes Augen perfekt genug sind, um uns selbst Ihm zu opfern. Paulus fasst dies für die Gläubigen in Rom zusammen: »Ich ermahne euch nun, ihr Brüder, angesichts der Barmherzigkeit Gottes, dass ihr eure Leiber darbringt als ein lebendiges, heiliges, Gott wohlgefälliges Opfer: Das sei euer vernünftiger Gottesdienst!« (Römer 12,1).

Unsere wahre Anbetung sollte jede der fünf genannten Opfer beinhalten, um nicht einseitig oder unvollständig zu sein. Wenn eines dieser Opfer in unserer Anbetung fehlt, ist diese bruchstückhaft und wir müssen den Altar für ein neues Erweckungsfeuer wiederherstellen.

Ist dein Altar bereit, in Stand gesetzt zu werden?

Wie sieht dein Altar aus? Hast du aufgehört, dich um ihn zu kümmern? Wurde er vernachlässigt oder missbraucht? Wenn dem so ist, kannst du die oben genannten Opfer nicht bringen; dein Altar kann das Feuer Gottes nicht empfangen. Jesaja sagte, dass unser neuer Name »...das Volk... das die Lücken in den Stadtmauern schließt« sein wird (Jesaja 58,12 GNB. Wir haben alles in Christus, was wir brauchen, um den Altar Gottes in unserem Leben, in unseren Kirchen und in unseren Diensten wiederherzustellen. Darum dürfen wir Gott um Sein Feuer bitten, damit es auf unseren Altären brennt. So können wir Sein Ziel erfüllen und Sein Reich bauen.

Fragen zum Nachdenken

1. Wenn dein eigener Altar verfällt, mach eine Liste mit dem, was du unternehmen willst und warum du dies tun willst.
2. Welche der zehn Arten von Verfall würdest du am ehesten an dir bemerken, wenn du deine Beziehung zu Gott ignorierst?
3. Wie wichtig ist dir, das Altarfeuer deiner Familie am Brennen zu halten? Was wirst du diese Woche tun, um dieses Feuer zu schüren?

KAPITEL 5

Falsche Altäre umstürzen

Jeder, der sich wirklich danach sehnt, das Feuer und die Herrlichkeit Gottes auf unsere Altäre der Anbetung fallen zu sehen, muss wachsam sein. Wenn wir die Anbetung des einen wahren Gottes aus dem Blick verlieren, laufen wir Gefahr, von Ihm gerichtet zu werden. Gott nannte Seinem Volk ausdrücklich die Konsequenzen dafür, wenn sie sich an Götzen binden:

> *»Eure Altäre sollen verwüstet und eure Sonnensäulen zerbrochen werden. Und ich will eure Erschlagenen vor euren Götzen hinsinken lassen. Ja, ich will die Leichname der Kinder Israels vor ihre Götzen hinwerfen und will eure Gebeine rings um eure Altäre streuen. An allen euren Wohnsitzen sollen die Städte öde und die Höhen verwüstet werden, damit eure Altäre verlassen und zerstört seien,*

eure Götzen zerbrochen und vernichtet, eure Sonnensäulen umgestürzt und eure Machwerke vertilgt.« (Hesekiel 6,4-6)

Im Verlauf des ganzen Alten Testamentes wendete sich das Volk allzu oft von der Anbetung Gottes ab, um sich Götzen hinzugeben. Sie bauten unrechtmäßige Altäre und verneigten sich vor falschen Göttern. Sie vernachlässigten die Wahrheit und kamen vom rechten Weg ab. Diese Zeiten des Götzendienstes brachten stets Gottes Gericht über Sein Bundesvolk.

Ein Beispiel dafür gibt uns Manasse, König von Juda, als er die Altäre des Baals wiederaufrichtete, einen Aschera Pfahl herstellte und in den Augen des Herrn viel Böses tat. Der Herr sandte Seine Propheten mit der Gerichtsbotschaft:

> *»Darum spricht der HERR, der Gott Israels: Siehe, ich will Unheil über Jerusalem und über Juda bringen, dass jedem, der es hört, beide Ohren gellen sollen. Und ich will über Jerusalem die Messschnur Samarias ausspannen und das Senkblei des Hauses Ahabs, und ich will Jerusalem auswischen, wie man eine Schüssel auswischt: Wenn man sie ausgewischt hat, dreht man sie um auf ihre Oberseite.« (2. König 21,12-13)*

Schließlich richtete der Herr das Volk, indem Er sie in die babylonische Gefangenschaft schickte. Der Preis für die Vernachlässigung des Altars und der Anbetung Gottes ist sehr hoch. Dies ist auch in unserem heutigen Leben noch der Fall.

Dem Widersacher entgegentreten

Bei diesem Thema müssen wir uns zuerst darüber im Klaren werden, dass wir uns in einem Krieg mit einem mächtigen Feind befinden, bei dem es letztlich darum geht, wen wir anbeten. Unser Widersacher Satan hat ein Ziel – das Volk des Herrn davon abzuhalten, einen Altar für Gottes Anbetung zu bauen. Der Herr sandte Mose mit einer eindeutigen Nachricht an den Pharao: »Lass mein Volk ziehen, damit sie Mich anbeten können!« Der Krieg mit dem Teufel ist ein Krieg der Anbetung!

Ich, Chuck, schrieb darüber sehr ausführlich in dem Buch The Future War of the Church, in dem ich beschrieb, wie Schuld einen falschen Thron oder Altar, sowohl auf der persönlichen als auch auf der gesellschaftlichen Ebene errichtet. Ich will hier nur erwähnen, dass Satans Schlachtplan, um den Altar der Anbetung zu übernehmen, darin besteht, uns zur Sünde zu verführen. Denn dadurch bekommt er Zugang zu unserem Leben:

> *Satan verherrlicht sich weiterhin selbst, wobei er versucht alle Menschen in sein gefälschtes Licht zu ziehen. Satan weiß, dass Männer und Frauen als Gefäße der Anbetung geschaffen wurden und, egal ob sie es merken oder nicht, irgendetwas anbeten werden. Die schlichte Tatsache ist, dass sie entweder den lebendigen Gott anbeten oder Satan und seine dämonischen Kräfte, ob offenkundig oder durch ihre Sünde (Unterlassungssünden oder Begehungssünden)*
>
> *…*
>
> *Das Opfern hat eine große geistliche Macht. Aus diesem Grund kann zum Beispiel Fasten eine so effektive Waffe im Krieg sein. Per Definition meint Opfern »die Preisgabe*

oder Zerstörung von etwas Wertvollem zugunsten von etwas, das einen höheren oder dringlicheren Anspruch hat«. Sünde, in unserem eigenen Leben als auch gemeinschaftlich begangene Sünde, behauptet einen höheren Anspruch zu besitzen und bewirkt, dass die Bundesversprechen von Gottes Segnungen aufgegeben werden.
Wer profitiert letztendlich vom Opfer der Sünde? Satan und die Mächte der Hölle. So wie unsere Opfergaben Ressourcen freisetzen, um Gottes Bundesplan voranzutreiben, setzen Opfer für Satan dämonische Horden frei. Wegen diesen sündhaften Opfern richtet Satan ein System der Anbetung auf. Tatsächlich berichtet uns die Offenbarung, dass es eine Synagoge für Satan geben wird: »Ich kenne deine Werke und deine Drangsal und deine Armut – du bist aber reich! – und die Lästerung von denen, die sagen, sie seien Juden und sind es nicht, sondern eine Synagoge des Satans.« (Offenbarung 2,9)[4]

Wir dürfen niemals unsere Anbetung Gottes mit der Anbetung von Götzen vermischen; Gott duldet keine halbherzige Treue. In diesem Kapitel werden wir lernen, wie man das Falsche entfernt, um die Anbetung vorzubereiten, die unserem heiligen Gott gebührt.

4 Chuck D. Pierce und Rebecca Wagner Sytsema, The Future War oft he Church (Minneapolis: Chosen, 2014), S. 111-112.

Das Priestertum geht voran

Wenn wir verstehen, dass wir uns in einem Krieg um die Anbetung befinden, ist das der Schlüssel, um das Altarfeuer neu zu entfachen. Wir werden so lange keine echte Anbetung erleben, bis wir nicht jeden falschen Altar zerstört haben.

Ein Beispiel für diesen Krieg finden wir in der Heiligen Schrift von der Zeit Elias an bis hin zu Elisa; diese beiden kämpften in Israel um den Altar der Anbetung.

Elias berühmte Frage an das Volk, das auf dem Berg Karmel versammelt war, lautete: »Wie lange wollt ihr auf beiden Seiten hinken? Ist der HERR Gott, so folgt ihm nach, ist es aber Baal, so folgt ihm!« Es wird eine Zeit kommen, wenn jeder einzelne sich entscheiden muss, auf welchem Altar er anbeten will.

Die eigentliche Frage an die Menschen war folgende: »Wer wird über den Bereich der Anbetung regieren, weil er das Volk Gottes mit höherer,, übernatürlicher Macht verbindet? Wollt ihr mit dem Heiligen Gott verbunden bleiben, der euch als eine Nation auf der Erde geschaffen hat, um Seine Macht zu offenbaren? Oder wollt ihr die Nation Israel darauf ausrichten, Baal anzubeten und Altäre zu bauen, um Gottes Volk an die dämonische Macht der fremden Götter zu ketten?«

Der wahre Gott gewann.

Wir werden uns später noch ein paar Details von Elias Machtkampf mit Königin Isebels Propheten auf dem Berg Karmel anschauen. Diese Geschichte zeigt trefflich, nicht nur Gottes Macht, Feuer auf Seinen Altar fallen zu lassen, sondern auch unsere Vollmacht Satans Thron umzustürzen, wo auch immer sich solch ein Altar in unserem Leben eingeschlichen hat. Das Vorgehen des großen Propheten, der die selbstbewussten Götzenanbeter herausfordert, zeigt das Ausmaß des Krieges und den Ort, an dem der Sieg errungen wird.

Aber diese Geschichte zeigt uns noch etwas: Wenn wir darum kämpfen unsere Anbetung rein zu halten, dürfen wir darin niemals nachlässig werden. Isebel wurde später getötet, aber die Geschichte ging noch weiter. Satan gibt nach einer Niederlage nicht auf. Da gab es noch Isebels Tochter Atalja. Diese böse Frau ermordete die Thronfolger und setzte sich selbst auf den Thron. Allem Anschein nach war es ihr Plan, alles zu zerstören, was zu Gottes Bundesversprechen mit Seinem Volk gehörte. Sechs Jahre lang lehnte sie die rechtmäßige Thronfolge des Hauses Davids ab und tat großes Übel.

Doch dann erhob sich die Priesterschaft, um die böse Herrschaft zu stürzen und den heiligen Altar wiederaufzubauen. Ein kleiner Junge, ein Nachkomme Davids, war die ganze Zeit versteckt worden. Nun wurde er zum Tempel gebracht und der Priester befahl den Militärführern den jungen König zu beschützen:

> *»Und er gebot ihnen und sprach: Das ist es, was ihr tun sollt: Der dritte Teil von euch, die ihr am Sabbat antretet, soll Wache halten im Haus des Königs; und ein Drittel am Tor Sur und ein Drittel am Tor hinter den Läufern; und ihr sollt Wache halten beim Haus zur Abwehr. Und die zwei [anderen] Abteilungen von euch, alle, die am Sabbat abtreten, sollen im Haus des HERRN um den König Wache halten. Und ihr sollt euch rings um den König scharen, jeder mit seinen Waffen in der Hand; wer aber in die Reihen eindringt, der soll getötet werden; und ihr sollt bei dem König sein, wenn er aus- und eingeht!«* (*2. Könige 11,5-8*)

Anschließend wurde die betrügerische Königin gefasst und getötet. Danach ging das Volk zum Tempel des Baal und riss ihn nieder, wobei es die Altäre und Götzenbilder zertrümmerte. Unter den wachsamen und gewissenhaften Augen des Priesters konnte der König schließlich auf seinen rechtmäßigen Thron gesetzt werden. »Und das ganze Volk des Landes freute sich, und die Stadt hatte Ruhe. « (2. Könige 11,20).

Die Stätte reinigen

Wir dürfen niemals unachtsam sein, denn Satan wird das auch nie sein. Jedes Mal wenn wir einen Götzen entdecken, der den Platz Gottes einzunehmen versucht um sich einen Altar errichten zu lassen, müssen wir uns zuerst damit befassen. Wenn wir jedoch feststellen, dass einem Götzen in unserem Herzen bereits geopfert wurde, dann gibt es folgende vier Schritte, um diesen Altar zu entfernen und ein neues Fundament zu legen:

Den Götzenaltar identifizieren

Der erste Schritt eine geistliche Erneuerung und anhaltendes Feuer zu bereiten, besteht darin, falsche Opfer ausfindig zu machen, die wir noch immer bringen.

Alles andere ergibt keinen Sinn. Es ist unmöglich Gerechtigkeit zu erfahren, solange wir Sünde anerkennen und uns mit ihr abgeben. Wir müssen das Falsche loswerden, bevor wir den echten Altar Gottes wiederaufbauen und Ihn anbeten können. Es ist notwendig unrechtmäßige Altäre zu erkennen, bevor ein echter Altar wiederhergestellt werden kann.

Erinnere dich daran, dass der Altar des Alten Testamentes eine Typologie für das Kreuz Christi ist. Es gibt keinen anderen Weg oder keine andere Möglichkeit gerettet zu werden, als durch den Tod und die Auferstehung von Jesus Christus. Dagegen dulden alle anderen Heilsversprechen einen falschen Altar. Wenn Gott uns aufruft, den Altar der wahren Erlösung und Anbetung zu erneuern, beginnt der Prozess damit, dass wir auf die Bereiche blicken, wo wir auf falschen Altären geopfert haben. Solange wir nicht bereit sind, alles Falsche aufzugeben, sind wir auch nicht bereit, den Altar Gottes zu bauen oder wiederherzustellen.

Sich von dem Götzen lossagen

Der nächste Schritt ist ebenfalls naheliegend: Wenn wir die Götzen, die durch falsche Altäre repräsentiert werden, identifiziert haben, müssen wir uns von ihnen lossagen.

Nehmen wir zum Beispiel an, wir bemerken, dass wir einen falschen Altar für den Gott des Geizes gebaut haben, indem wir Mittel zurückhalten, die Gott uns für die Arbeit am Reich Gottes gegeben hat. Wir sagen uns von dem los, wenn wir unsere Hände öffnen, und den ersten Teil von dem, was wir haben, Gottes Zielen und anderen Menschen zur Verfügung stellen. Mit unserer Gabe denken wir an die Armen, und geben von dem ab, was uns etwas kostet.

Nehmen wir an, wir bemerken, dass wir einen falschen Altar für den Gott der Begierde gebaut haben, indem wir unsere Augen mit etwas beschmutzten, was wir nie sehen sollten. Die Zeitschriftenstände und das Internet sind für umherschweifende Augen leicht erreichbar – und sie verhöhnen den von Gott gegebenen Ehebund. Wir identifizieren ihn und sagen uns von diesem falschen Altar los, indem wir uns weigern, unerlaubte Gedanken zu hegen und unerlaubtem Verhalten nachzugehen. Stattdessen geben wir uns voll und ganz dem Leben in Reinheit innerhalb der Familie hin, die Gott uns geschenkt hat.

Nehmen wir an, wir bemerken, dass wir einen falschen Altar für den Gott des Rassismus gebaut haben, indem wir die Einheit in Christus ignorieren und die bevorzugen, die in unserer Kultur oder Historie das Sagen haben. Der Gottesdienst am Sonntagmorgen ist in zu vielen Orten der Welt immer noch die an der stärksten trennendsten Stunde der Woche. Wir sagen uns diesen Altären los, wenn wir Beziehungen wiederherstellen und uns selbst Gott hingeben, um zu lieben, so wie Er liebt.

Diese Liste der falschen Altäre und die Götzen, die hinter ihnen stehen, könnten viele Seiten füllen. Aber unser Fokus soll nicht auf ihnen liegen. Wenn wir die Altäre der falschen Götzen identifizieren und uns von ihnen lossagen, zeigt dies echten Eifer für die Herrlichkeit Gottes.

Den falschen Altar zerstören

Sobald ein falscher Altar identifiziert wurde und wir unser Herz und Verstand von ihm abgewendet haben, besteht der nächste Schritt darin, ihn abzureißen und an dessen Stelle einen wahren Altar zu bauen, genauso wie Gideon es tat.

Zu Beginn der Geschichte Gideons, als der Engel des Herrn ihm erschien und ihm die Verantwortung übertrug, Israel zu dienen, war Gideon unsicher und bat um ein Zeichen. Er bekam die Erlaubnis, ein Speiseopfer darzubringen.

Gideon befolgte die Anweisungen, die er bezüglich des Opfers bekommen hatte, und »der Engel des HERRN streckte seinen Stab aus« und berührte damit die Speise (Richter 6,21). Sofort »kam Feuer aus dem Felsen und verzehrte das Essen«. Gideon erschrak, weil er dachte, dem Engel des Herrn von Angesicht zu Angesicht begegnet zu sein, aber der Engel sagte: »Friede sei mit dir! Fürchte dich nicht«. Daher baute Gideon einen Altar und nannte ihn »der Herr ist Friede« (Richter 6,21-24).

Dies sagt uns etwas sehr Wichtiges. Bevor wir keinen wahren Frieden mit Gott haben, ist es uns nicht möglich, den Altar der Götzen zu zerstören. Wir brauchen die Macht, aber auch die Weisheit Gottes. Im Fall Gideon zeigte ihm der Herr, nachdem er Frieden mit Gott wiederhergestellt hatte, was er mit dem falschen Familienaltar tun sollte:

> *»Und in jener Nacht sprach der HERR zu ihm: Nimm den Stier, der deinem Vater gehört, und zwar den zweiten Stier, der siebenjährig ist, und reiße den Altar des Baal nieder, der deinem Vater gehört, und haue das Aschera-Standbild um, das dabei ist, und baue dem HERRN, deinem Gott, oben auf dem Gipfel dieser Bergfeste durch Aufschichtung einen Altar; und nimm den zweiten Stier und opfere ein Brandopfer mit dem Holz des Aschera-Standbildes, das du umhauen wirst!« (Richter 6,25-26)*

Gideon gehorchte Gott. Er zerstörte den Altar, den sein Vater für einen Götzen gebaut hatte, und errichtete an dieser Stelle einen deutlich überlegenen Altar für Gott. Infolgedessen erhielt Gideon Kraft vom Herrn, um dessen Auftrag zu erfüllen:

> *»Da kam der Geist des HERRN auf Gideon; und er stieß ins Schopharhorn, und die Abiesriter wurden zusammengerufen, dass sie ihm nachfolgten; und er sandte Boten in ganz Manasse umher, und auch sie wurden zusammengerufen, dass sie ihm nachfolgen sollten; und er sandte Boten nach Asser und Sebulon und Naphtali; die zogen ihnen auch entgegen.« (Richter 6,34-35)*

Genauso wie Gideon müssen auch wir falsche Altäre entfernen und dort bessere Altäre für unseren Gott bauen. Als Einzelne, Familien und als Leib Christi müssen wir mit den falschen Altären brechen – das können falsche geistliche Dinge, verborgene

Motive, falsche Einstellungen und alles das sein, was wir sonst noch in unserem Leben vor den Herrn an die erste Stelle gesetzt haben. Wenn wir das tun, reinigen wir den Tempel unseres Leibes genauso wie der Herr Jesus den Tempel in Jerusalem gereinigt hat, als er die Tische von denen umwarf, die am Ort des Gebetes Geschäfte machten.

Sich an die ursprüngliche Berufung erinnern

Jeder Altar ist auf einem Fundament gebaut. Das Fundament ist die ursprüngliche Entscheidung zur Nachfolge und Anbetung – die Basis jeder Begegnung mit Gott. Er rief uns und wir antworteten mit unserer Entscheidung und unserer Hingabe.

Das bedeutet, dass für jeden wiederaufzubauenden Altar der einzige Weg vorwärts der ist, wieder an den Anfang zu gehen.

Für einen erfolgreichen Kampf um die Altäre und eine erfolgreiche Beseitigung der Götzen, denen wir erlaubt haben, dort zu sein, ist es entscheidend, dass wir zum festen Fundament zurückgehen. Mach mit, wenn wir diese Erklärung auf der Grundlage des Wortes Gottes abgeben, damit wir erneut auf einem starken Fundament stehen und zum Bau bereit sind. Lass uns Seinen Plänen für unser Leben zustimmen:

- Ich erkläre, dass ich den Herrn, meinen Gott, mit meinem ganzen Herzen und meiner ganzen Seele und meinem ganzen Verstand liebe.
- Ich erkläre, himmlischer Vater, dass Dein Name geheiligt sei. Dein Königreich soll kommen, Dein Wille geschehe auf Erden wie auch im Himmel.

- Ich erkläre, dass ich durch das Blut Jesus am Kreuz die Hoffnung der Erlösung angenommen habe. Ich bin versöhnt mit meinem himmlischen Vater und mir wurde ewiges Leben versprochen.
- Ich entsage meinem früheren Lebensstil, als ich den Herrn Gott nicht an die erste Stelle in meinem Leben gesetzt hatte. Ich sage mich von allen Dingen los, die dem Herrn nicht gefallen. Ich sage mich von unguten Gewohnheiten und Abhängigkeiten in meinem Leben los.
- Ich erkläre, dass die Liebe zu meinem Herrn mir den Sieg in meinem Leben gibt. Ich bin ein Überwinder und erkläre, dass ich alle Tage meines Lebens Ihm dienen werde.

Das Bundevolk entscheidet sich zu bauen

Gott ruft Sein Bundesvolk auf, Ihn anzubeten. Der Ausgangspunkt dieser Beziehung – und der wahre, dauerhafte Sieg in Seiner Gegenwart – ist der Altar. Wir haben viel gelernt über den lebensnotwendigen Sinn eines Altars, sowie darüber, wie er verfällt, über den geistlichen Kampf um ihn, wie die falschen Altäre entthront werden und das Fundament für den Bau wiedererlangt werden kann. Im nächsten Kapitel werden wir uns damit auseinandersetzten, wie wir anfangen können einen wahren Altar der Anbetung in unserem Leben zu errichten.

Fragen zum Nachdenken

1. Stimmst du der Aussage zu, dass Menschen etwas anbeten wollen – wenn es nicht Gott ist, dann irgendetwas anderes? Warum oder warum nicht? Welche Götzen bist du versucht, auf deinen Altar zu stellen?

2. Wie sieht dein Altar aktuell aus? Erinnerst du dich an den Moment, als Gott dich rief, ein Fundament der Anbetung in deiner Beziehung mit Ihm zu bauen?

3. Bist du zuversichtlich darin die Schritte in diesem Kapitel zu befolgen, die dir helfen werden im Kampf der Anbetung standhaft zu bleiben? Fühlst du dich stark in der Sache des Herrn? Welche konkreten Eigenschaften veranlassen dich zu deiner Antwort?

KAPITEL 6

Den Altar der Anbetung bauen

Der Altar der Anbetung ist die Grundlage für eine Bundesbeziehung mit Gott und der Ort, an dem wir die Bestätigung unserer prophetischen Bestimmung erhalten. Aus diesem Grund baute Abraham einen Altar für den Gott, der sich ihm offenbart hatte. In der nächsten Generation baute Isaak einen Altar, um die Bundesbeziehung zu bestätigen. Auch Jakob stellte wiederum einen Gedenkstein auf und goss Öl darauf, um den Bund zu bekräftigen und alles zu empfangen, was Gott seinem Großvater und seinem Vater versprochen hatte.

Der Kern der Anbetung und die Grundlage der Bundesbeziehung zu Gott ist der Altar. Niemand, der Gott in irgendeiner Weise dienen will, kann dies ohne den Altar der Anbetung tun. Daher muss persönliche Erneuerung mit diesem Kernthema beginnen. Doch vor allem anderen müssen wir zuerst Gott ganz gehören.

Lass uns Jakob als Beispiel betrachten. Im Dorf seiner Eltern begann er nach seiner prophetischen Identität zu suchen. Aber er konnte sie dort nicht finden, und noch weniger ausfüllen. Stattdessen musste er den Ort, an dem er aufwuchs, hinter sich lassen und zu einem Platz gehen, an dem er Gott persönlich begegnete. Weil sein Bruder Esau ihm drohte, verließ er seine Heimat. Doch damit konnte er auch seine Reise beginnen, um die Bestimmung zu finden, die Gott ihm gegeben hatte.

Jakob verließ Beerscheba und brach auf Anordnung seiner Eltern nach Haran auf, weil er einerseits vor Esau floh, aber andererseits dort auch eine Ehefrau finden wollte (siehe 1. Mose 28,1-7). Als die Sonne unterging, erreichte er Lus und blieb dort über Nacht. Später änderte er den Namen Lus in *Bethel*, »Haus Gottes«.

Lus war kein behaglicher Ort; tatsächlich musste Jakob einen Stein als Kissen benutzen. Doch kein anderer Ort hätte der Startpunkt für Jakobs prophetische Berufung werden können. Sein Großvater Abraham hatte dort vor vielen Jahren einen Altar der Anbetung gebaut. Für Jakob wurde es zu einem Ort der Offenbarung. Der Himmel stand offen. Er sah eine Leiter mit Engeln Gottes darauf. Gott selbst erschien und versprach Jakob die gleiche Zukunft, die Er auch Abraham und Isaak versprochen hatte.

Jakob war von Ehrfurcht ergriffen. Er nahm den Stein, den er als Kissen benutzt hatte, und machte daraus einen Altar der Anbetung und schwor Gott die Treue:

> *»Und Jakob legte ein Gelübde ab und sprach: Wenn Gott mit mir sein und mich behüten wird auf dem Weg, den ich gehe, und mir Brot zu essen geben wird und Kleider anzuziehen und mich wieder mit Frieden heim zu meinem Vater bringt, so soll der HERR mein Gott sein« (1. Mose 28,20-21)*

Die Schrift gibt uns keinen Hinweis darauf, dass Jakob bereits vor dieser Nacht Gott kannte oder ihn anbetete. Aber wir wissen, dass erst nachdem Jakob dem Lebendigen Gott begegnet war und daraufhin gehandelt hatte, seine prophetische Bestimmung begann. In dieser einen Nacht, in der Gegenwart des allmächtigen Gottes, änderte sich sein Leben.

Das Haus Gottes

Lass uns einen Blick auf die Ereignisse in Bethel und ihre Bedeutung für Jakobs prophetischen Weg werfen, denn dies wird uns helfen zu verstehen, was auf unserem persönlichen Altar der Anbetung geschieht. Denn dort beginnen wir den Prozess der Erneuerung, der der Schlüssel zur Beziehung mit unserem Gott ist. Bethel berichtet uns davon, was es bedeutet, einen Altar zu haben. Wir werden sehen, dass Bethel, »das Haus Gottes«, ein Ort des Bundes, der Offenbarung, der göttlichen Begegnung, der Bestätigung sowie von Gottes Gegenwart ist.

Bethel ist ein Ort des Bundes

Als Jakob von seinem Elternhaus wegging, wusste er wahrscheinlich nicht, dass er seine prophetische Berufung begann. Während seiner Reise suchte sich Jakob einen Platz, um dort die Nacht zu verbringen. Doch dieser Platz war sehr bedeutsam, weil bereits Abraham, Jakobs Großvater dort vor vielen Jahren Gott angebetet hatte. An diesem Ort hatte Abraham einen seiner zahlreichen Altäre der Anbetung gebaut, um den Einen zu ehren, der sich ihm einst mit einem Versprechen offenbart hatte. Gott sagte damals: »›Deinem Samen will ich dieses Land geben!‹ Und er baute dort dem HERRN, der ihm erschienen war, einen Altar« (1. Mose 12,7).

Gott hält Seinen Bund und in dieser Nacht erneuerte Er mit Jakob das Versprechen, das Er Abraham gegeben hatte. Gott versicherte ihm in einem prophetischen Traum:

> *»Ich bin der HERR, der Gott deines Vaters Abraham und der Gott Isaaks; das Land, auf dem du liegst, will ich dir und deinem Samen geben. Und dein Same soll werden wie der Staub der Erde, und nach Westen, Osten, Norden und Süden sollst du dich ausbreiten; und in dir und in deinem Samen sollen gesegnet werden alle Geschlechter der Erde! Und siehe, ich bin mit dir, und ich will dich behüten überall, wo du hinziehst, und dich wieder in dieses Land bringen. Denn ich will dich nicht verlassen, bis ich vollbracht habe, was ich dir zugesagt habe!« (1. Mose 28,13-15)*

Der Altar ist der Ort, an dem unsere Bundesbeziehung mit Gott seinen Ursprung hat, und wo Er uns als Sein Eigentum versiegelt. Jahre nach dieser Erfahrung, nachdem Jakob viele Prüfungen zu bestehen gehabt hatte, sagte der Herr zu ihm: »Mache dich auf, zieh hinauf nach Bethel und wohne dort und baue dort einen Altar für den Gott, der dir erschienen ist, als du vor deinem Bruder Esau geflohen bist!« (1. Mose 35,1).

Wenn wir den Bericht von Jakob lesen, werden wir daran erinnert, dass der Altar, den wir bauen, unseren Gott ehrt, der Seine Bundesversprechen hält. Ein echter Altar der Anbetung bringt die Verheißung des Sieges in unsere Leben – sowohl für uns persönlich als auch für zukünftige Generationen. Ein anderes Beispiel finden wir in Josua 8,12-29, wo Josua den Feind bezwang, der zuvor in Bethel Israel besiegt hatte.

Bethel ist ein Ort der Offenbarung

Bethel war nicht nur der Ort, an dem Gott sich selbst offenbarte, sondern Jakob bekam auch eine Offenbarung über seine eigene Zukunft. Der prophetische Traum zeigte einen offenen Himmel, der durch eine Leiter mit der Erde verbunden war. Die Leiter von Jakobs Berufung kam herab, ohne dass er dafür kämpfen musste, und er sah die Engel des Herrn auf ihr auf-und absteigen.

Die Leiter war der Herr Jesus Christus, offenbart im Alten Testament. Jesus selbst sagte: »Wahrlich, wahrlich, ich sage euch: Künftig werdet ihr den Himmel offen sehen und die Engel Gottes auf-und niedersteigen auf den Sohn des Menschen!« (Johannes 1,51). Dies ist eine Schlüsseloffenbarung, an die wir uns in der Anbetung erinnern müssen: prophetische Bestimmung kann nur durch Jesus Christus erfüllt werden, der uns durch Seinen Tod und Seine Auferstehung Zugang zu der Gegenwart Gottes gibt. Er ist der einzige Weg zur Offenbarung und Erfüllung unserer prophetischen Bestimmung.

Bethel ist ein Ort der göttlichen Begegnung

Jakob erhielt seine prophetische Berufung bevor er geboren wurde. Aber bevor er in Bethel war, vernahm er die Stimme Gottes nicht. In dieser Nacht hörte er in seinem prophetischen Traum Gott sagen: »Ich bin der HERR, der Gott deines Vaters Abraham und der Gott Isaaks« (1. Mose 28,13).

Diese Offenbarung erhielt er in einer göttlichen Begegnung, zu dem von Gott gewählten Zeitpunkt und dem gesetzten Ort. Es war für Jakob aus mehreren Gründen wichtig, das zu hören. Erstens stellte es seine Verbindung zu den Bundesverheißungen Gottes her. Jakob wusste ohne den geringsten Zweifel, dass er im Plan und im Ziel Gottes inbegriffen war. Zweitens stellte es die Autorität Gottes fest: »Ich bin der Herr«. Der Herr sagte zu Jakob, dass Er es gewesen sei, der Abraham gerufen und einen ewigen Bund mit ihm geschlossen hatte. Dieses göttliche Treffen sollte nun genauso einen Bund mit Jakob stiften. Drittens zeigte es, dass der Herr die Leitung von Jakobs Berufung innehatte: » ... das Land, auf dem du liegst, will ich dir und deinem Samen geben« (1. Mose 28,13). Trotz all der Schwierigkeiten, durch die Jakob gehen musste und durch die er noch gehen würde, sprach ihm der Herr zu: deine prophetische Bestimmung ist sicher.

Bethel ist der Ort der Bestätigung

Der Herr sah über Jakobs Lebenszeit hinaus und sagte ihm, dass seine Nachkommen dieses Land besitzen würden. Dies ist ein Beispiel dafür, warum der Altar der Anbetung entscheidend für eine prophetische Bestimmung ist: denn hier geht es um eine Zukunftsvision. Menschen gehen zugrunde, wenn sie keine Vision haben. Ohne ein Bild der Zukunft gibt es keine Hoffnung, doch unsere Vision wurde auf dem Altar bestätigt. Ein Teil des Zuspruchs einer prophetischen Bestimmung ist die Freisetzung zukünftiger Segnungen des Bundes. Gott legte Seine Bundessegnungen auf Jakob. Diese beinhalteten eine Vermehrung der Nachkommen, göttliche Führung, Schutz, Erfüllung der Versprechen, sowie Fürsorge (siehe 1. Mose 28,14-15).

Eine prophetische Berufung vom Herrn kommt mit der Garantie, dass sie sich komplett erfüllen wird, weil der Geber der Verheißung treu ist. Paulus bestätigt diese Wahrheit: »Treu ist er, der euch beruft; er wird es auch tun.« (1. Thessalonicher 5,24). Außerdem versichert uns Paulus: »Denn so viele Verheißungen Gottes es gibt — in ihm ist das Ja, und in ihm auch das Amen, Gott zum Lob durch uns!« (2. Korinther 1,20). Dies wird am Altar der Anbetung bestätigt.

Bethel ist ein Ort von Gottes Gegenwart

In Bethel hatte Jakob Gottes Gegenwart überwältigend erfahren: »Als nun Jakob von seinem Schlaf erwachte, sprach er: Wahrlich, der HERR ist an diesem Ort, und ich wusste es nicht! Und er fürchtete sich und sprach: Wie furchtgebietend ist diese Stätte! Hier ist nichts anderes als das Haus Gottes, und dies ist die Pforte des Himmels!« (1. Mose 28,16-17).

Wir lernen am Altar, dass es auf der Reise zu der prophetischen Berufung nicht darum geht, was wir am Zielort tun werden, sondern zu welcher Person wir in diesem Prozess werden, wenn wir Gott auf dieser Reise begegnen. Weil Jakob Gott kennenlernte, kam eine heilige Ehrfurcht auf ihn. Er flüchtete aus dem Haus seines Vaters, weil er Angst vor seinem Bruder hatte. In Bethel erfuhr er dagegen die Furcht vor Gott. Die Furcht des Herrn ist der Anfang der Weisheit, der Ort, an dem wir unsere prophetische Bestimmung erkennen. Diese Wüste wurde für Jakob zum

Himmelstor. Er war von der Gegenwart Gottes, in die er eintrat, viel mehr überwältigt, als von seinen Zukunftsplänen. »Wie ehrfurchtgebietend ist dieser Ort!« Darum geht es beim Bau eines Altars der Anbetung.

Der Ort des geistlichen Aufbruchs

Die überwältigende Gegenwart Gottes führte Jakob in die Anbetung. Zuvor hatte er noch nie einen Altar gebaut. Aber nach der Begegnung mit Gott, nahm er sein Steinkissen, stellte es auf, machte einen Altar daraus und goss Öl darauf. Er nannte den Ort »Haus Gottes«, *Bethel*. Dadurch nahm Jakob seine prophetische Bestimmung und seine Zukunft an. Er versprach dem Herrn, mit seinem Zehnten Gott anzubeten und zu ehren (siehe 1. Mose 28,18-22). Die Bethel Offenbarung lehrt uns, unsere Prioritäten richtig zu setzen, damit wir eine Stätte der Anbetung bauen können, die Gott ehrt. Es ist der erste Schritt zur Wiederherstellung, der schließlich zu einer dauerhaften persönlichen Veränderung führt.

Heute ruft uns Gott dazu auf, einen Altar in unserem eigenen Leben zu bauen, um unser Herz unserem Schöpfer zurückzugeben. Dies ist der innige Ort der Anbetung, an dem unsere Bundesbeziehung zu Gott versiegelt ist und an dem unsere Gemeinschaft durch Seine lebensspendende Gegenwart genährt und aufrechterhalten wird. Wenn wir keinen Altar der Anbetung bauen, gibt es keine weitere Wiederherstellung in unserem Leben und keinen echten geistlichen Aufbruch. Wenn wir nicht zuerst einen Altar der Anbetung bauen, können wir nichts tun oder Seinem Willen auf Erden entsprechend dienen, so wie es der Herr Jesus getan hatte, indem Er Sein Leben nach dem Willen des Vaters hingab.

Paulus erklärt dies. Er deckt auf, dass wir unser Leben nicht nur in den Dienst stellen sollen, indem wir einen Altar *bauen*, sondern auch, dass wir als eine Tat der Hingabe uns als lebendiges Opfer darbringen sollen, indem wir auf dem Altar *bleiben*:

> *»Ich ermahne euch nun, ihr Brüder, angesichts der Barmherzigkeit Gottes, dass ihr eure Leiber darbringt als ein lebendiges, heiliges, Gott wohlgefälliges Opfer: Das sei euer vernünftiger Gottesdienst! Und passt euch nicht diesem Weltlauf an, sondern lasst euch [in eurem Wesen] verwandeln durch die Erneuerung eures Sinnes, damit ihr prüfen könnt, was der gute und wohlgefällige und vollkommene Wille Gottes ist.« (Römer 12,1-2)*

Dieser Prozess verändert uns übernatürlich und macht uns und unseren Dienst für Gott annehmbar. Betrachte dazu diese Beispiele aus der Heiligen Schrift:

REINHEIT

> *»Und er berührte meinen Mund [damit] und sprach: Siehe, dies hat deine Lippen berührt; deine Schuld ist von dir genommen und deine Sünde gesühnt!« (Jesaja 6,7)*

ERNEUERUNG

> *»Aber dieses [letzte] Drittel will ich ins Feuer bringen und es läutern, wie man Silber läutert, und ich will es prüfen, wie man Gold prüft. Es wird meinen Namen anrufen, und ich will ihm antworten; ich will sagen: »Das ist mein Volk!«, und es wird sagen: »Der HERR ist mein Gott!«« (Sacharja 13,9)*

LEBEN

»Ich taufe euch mit Wasser zur Buße; der aber nach mir kommt, ist stärker als ich … der wird euch mit Heiligem Geist und Feuer taufen.« (Matthäus 3,11)

BEVOLLMÄCHTIGUNG

»Und es entstand plötzlich vom Himmel her ein Brausen wie von einem daherfahrenden gewaltigen Wind und erfüllte das ganze Haus, in dem sie saßen. Und es erschienen ihnen Zungen wie von Feuer, die sich zerteilten und sich auf jeden von ihnen setzten.« (Apostelgeschichte 2,2-3)

LEIDENSCHAFT FÜR GOTT

»darum soll der Priester Morgen für Morgen Holz darauf anzünden und das Brandopfer darauf zurichten … Ein beständiges Feuer soll auf dem Altar in Brand gehalten werden; es soll nie erlöschen!« (3. Mose 6,5-6)

Gott befahl einen Altar zu errichten, auf dem Opfer und Gaben dargebracht werden sollen. Dabei versprach Er, dass er kommen wird um - nicht den Altar zu segnen - sondern die Person, die ihn gebaut hatte.

Dauerhaftes Feuer

Es ist wichtig, dass wir zu Altarbauern werden, deren ganzes Leben das Feuer Gottes einlädt. Jeder Gläubige in jeder Generation sucht den Segen – und der Segen ist mit dem Feuer verbunden. Ohne das Feuer und die Gegenwart Gottes werden wir still und hoffnungslos das Leben von Sklaven führen und nicht von Kindern; von Hilfskräften und nicht von Erben eines Königreiches. Als Esau den Segen seines Vaters verlor, war er hoffnungslos verzweifelt.

Es ist nicht unsere Verantwortung das Feuer zu stellen; das ist Gottes Aufgabe. Aber wir müssen einen Ort für Gottes Feuer vorbereiten, indem wir den Altar der Anbetung bauen. Aus diesem Grund muss die Hauptaktivität unseres Tages darauf liegen, den Altar in unserem Leben instand zu halten. Es gibt kein dauerhaftes Feuer ohne einen permanenten Altar!

Wir werden uns den Altar der Anbetung sowohl in der Stiftshütte als auch im Tempel genauer ansehen, aber beachte dabei, dass an den Tagen der Einweihung Gott das Opfer akzeptierte und Sein Feuer vom Himmel schickte. Die Priester bekamen die Verantwortung übertragen das Feuer am Brennen zu halten. Das war keine einfache Angelegenheit. Es erforderte Achtsamkeit, Sorgfalt und Hingabe für die Dinge Gottes. Sollte das Feuer ausgehen, wurde das Opfer nicht verzehrt und den Priestern war es nicht erlaubt, das Feuer erneut anzuzünden. Das Feuer konnte durch Menschen nicht kopiert werden, noch nicht einmal durch Priester.

Wenn wir heute den Altar einer reinen, aufrichtigen Beziehung mit unserem Gott errichten und wenn Er unser Opfer billigt und Sein heiliges Feuer vom Himmel herunterschickt, ist es unsere Verantwortung Sein Feuer am Brennen zu halten. Wie in alttestamentlichen Zeiten erfordert dies Achtsamkeit, Sorgfalt und

Hingabe für die Dinge Gottes; also eine unerschütterliche und unteilbare Liebe zu Seinem geliebten Sohn und dem Kreuz, an dem Er die Menschheit erlöste. Diese Liebe muss durch unsere Beziehung zu Ihm am Leben gehalten werden, indem unsere Liebe und Anbetung Ihm gegenüber stetig zunimmt.

In Offenbarung 2,1-7 lesen wir, wie der Heilige Geist zu der Gemeinde in Ephesus spricht und sie für ihre Beharrlichkeit um seines Namens Willen lobt. Er hatte jedoch eine Sache gegen sie: Sie haben ihre erste Liebe verlassen. Es gab keine Liebesbeziehung mehr. Gott befiehlt uns: »Und du sollst den HERRN, deinen Gott, lieben mit deinem ganzen Herzen und mit deiner ganzen Seele und mit deiner ganzen Kraft.« (5. Mose 6,5).

Du baust einen Altar, indem du sicherstellst, dass deine Prioritäten richtig gesetzt sind; indem du Gott in deinem Herzen ehrst; indem du die Zukunft annimmst, die Er für dich vorgesehen hat und indem du die Liebesbeziehung zu Ihm stärkst. Wenn du baust, sendet Er das Feuer.

Sobald Gott das Feuer sendet, bist du bereit, in dieser Beziehung neue Wege zu gehen. In den folgenden Kapiteln, werden wir etwas sehr Wichtiges darüber lernen, wie man einen Altar baut und pflegt und wie man ihn selbst in der Wüste aufrechterhält.

Fragen zum Nachdenken

1. Inwiefern hilft dir die Lehre über Bethel deine Prioritäten richtig zu setzen? Wo hast du vielleicht beim Bau eines Altars der Anbetung versagt?

2. Hast du Gottes Feuer auf dem Altar deines Herzens ausgehen lassen? Wenn dem so ist, wie könnte sich dies auf die Offenbarung deiner prophetischen Bestimmung auswirken?
3. Willst du dich verpflichten, ein Hüter des Feuers zu sein?

KAPITEL 7

Deinen Altar zur Priorität machen

Jedes Mal wenn wir erkennen, dass unser Altar erneuert werden muss, – oder vielleicht sogar zum ersten Mal gebaut werden muss – und wir anfangen den Ort der Anbetung wieder in Ordnung zu bringen, gefällt dies Gott. John Dickson, einer unserer leitenden Anbetungsleiter bei Glory of Zion International, ließ uns an dieser persönlichen Geschichte Anteil haben und wir möchten sie gerne mit dir teilen:

Du wirst immer wieder an den Altar zurückkehren! Die Gründe, warum du ihn verlassen hast, können sehr unterschiedlich sein. Du warst mit anderen Dingen beschäftigt. Das Leben führte dich in eine andere Richtung. Du fandest etwas anderes, das seinen Platz einnahm. Aber wenn Krisen in dein Leben kommen, wirst du dich erinnern: »Ah, der Altar. Dort begegnete ich Gott. Dort fand ich mein wahres Ich und meine Bestimmung.« Und aus dieser Erkenntnis heraus, kehrst du um und baust die heruntergefallenen Steine wieder auf – die Steine deiner ursprünglichen Hingabe, die Steine deines Gelübdes an Gott, die Steine, die dich daran erinnern, dass Er dir erschienen ist. Die Patriarchen bauten ihre Altäre, nachdem Gott ihnen begegnet war, oder um damit ihre Hingabe zu Gott zum Ausdruck zu bringen. Gelegentlich führte Gott sie zu diesen Altären zurück, damit sie sich wieder daran erinnern konnten, oder aber um sie wieder ins Bewusstsein zu rufen. Die Altäre verblieben dort auch nach ihrem Tod, damit andere dorthin kommen und sich mit Gott wieder verbinden konnten.

Auch wir haben solche Altäre in unserem Leben. Das sind Zeiten, in denen uns der Herr erschienen war oder wir uns zu etwas verpflichteten. Vielleicht haben wir diese Dinge in unserem geschäftigen Leben vergessen. Es können sogar Versprechen sein, auf die wir wieder zurückkommen müssen. So können unsere Altäre wie der Anker eines Schiffes sein, das im Sturm umher geweht wird.

Vor fast vierzig Jahren sagte der Herr zu meiner Frau Violet und mir, dass wir nach Denton, Texas, ziehen sollten, weil wir dort, wo wir waren, nicht weiter wachsen würden. Ich sehnte mich nach einem Apostel, der mich väterlich begleitete - obwohl wir diesen Ausdruck damals noch nicht benutzten. Es war ein Glaubenswagnis von einem Ort, an dem wir ein Zuhause, ein Unternehmen und einen Dienst hatten, zu einem anderen zu ziehen, an dem ich noch nicht einmal einen Job vorweisen konnte. Die nächsten zwei Jahre waren sehr entmutigend. Aber wir blieben dem Versprechen treu, das wir am Altar gegeben hatten, als wir alles zurückließen. Das war für uns ein Anker in sehr unruhigem Wasser. Wir klammerten uns fest daran, weil wir darauf vertrauten, Gott gehört zu haben.

Wir fanden uns in der letzten Reihe einer kleinen Kirche wieder, in der ich schließlich der Lobpreisleiter werden durfte.

Einige Jahre später trat Chuck Pierce in diese Kirche ein. Er war der Apostel, nach dem sich mein Herz gesehnt hatte, als wir nach Denton umzogen. Unter ihm konnte ich meine Gaben wachsen lassen und schließlich wurde die Kirche zur Glory of Zion Kirche. Meine ganze Zukunft konnte sich entfalten, weil wir den Altar nie vergessen hatten. Der Wind wehte und der Sturm wütete, aber der Anker hielt.

Es gibt eine Geschichte des alten chinesischen Heiligen Watchman Nee. Er ging wegen eines verletzten Knies mit einem Stock am Strand entlang, als der Herr ihm erschien und sein Knie heilte. Er rammte den Stock in den Sand und ließ ihn zurück, weil er ihn nicht mehr brauchte.

Eine Weile später begann sein Knie wieder zu schmerzen. Er ging an die Stelle zurück, an der er seinen Stock in den Sand gestellt hatte, und rief: »Hier heilte der Herr mein Knie.« Das wurde für ihn der Ort, an dem er sich daran erinnern konnte, dass der Herr ihm erschienen war – der Ort seiner persönlichen Erklärung – Sein Altar.

Wir können dort einen Altar aufrichten, wo Gott uns erscheint, und sagen: »Dazu stehe ich.« Wenn es schwierig wird, schauen wir zu diesem Altar zurück und sagen: »Ich bleibe dabei.«

Und wenn wir durch harte Zeiten hindurchgegangen sind, erinnern wir uns dort an Seine Treue. Samuel tat dies. Als die Philister kamen, um Israel anzugreifen, betete er zum Herrn und flehte in Israels Namen:

> *»Es geschah nämlich, während Samuel das Brandopfer darbrachte, da näherten sich die Philister zum Kampf gegen Israel. Aber an jenem Tag donnerte der HERR mit gewaltiger Stimme gegen die Philister und verwirrte sie, sodass sie vor Israel geschlagen wurden. Da zogen die Männer Israels von Mizpa aus und jagten die Philister und schlugen sie bis unterhalb Beth-Kar. Und Samuel nahm einen Stein und stellte ihn zwischen Mizpa und Schen auf, und er gab ihm den Namen Eben-Eser, und sprach: Bis hierher hat der HERR uns geholfen! So wurden*

die Philister gedemütigt und kamen künftig nicht mehr in das Gebiet Israels. Und die Hand des HERRN war gegen die Philister, solange Samuel lebte.« (1. Samuel 7,10-13)

Doch manchmal kommt auch Gott und baut Selbst einen Altar in uns. So glaubte ich zehn Jahre später auf dem Höhepunkt meiner Gaben, meiner Berufung und meines Dienstes zu sein. Da kam Gott zu mir in einem Anbetungsgottesdienst und streckte mich während des Dienstteils zu Boden. Er gab mir ein Kapitel aus Jesaja als Versprechen mit und danach begann ein Prozess, indem meine Gaben, meine Berufung und mein Dienst auseinandergenommen wurden.

Es was glücklicherweise für niemanden außer mir offensichtlich, aber es war eine niederschmetternde Zeit. Gott sagte mir, dass Er etwas Neues in mir bauen würde, und es notwendig sei Altes abzureißen, damit Er Neues pflanzen konnte. Ich beklagte mich bei Ihm, dass Er all das Gute abriss und dass ich doch viel Schlechtes hätte, dass Er liebend gerne niederreißen könne. Aber ich ertrug es, wegen dem Altar, den Er in mir gebaut hatte: der Altar war das Kapitel im Jesajabuch. Was ich im Laufe der Zeit an Einschnitten hinnehmen musste, hat mich tief getroffen. Trotzdem gab es kein Anzeichen von dem neuen Wachstum, das Er versprochen hatte. Die ganze Zeit jedoch klammerte ich mich an den Altar, den Er gemacht hatte. Es ging über Jahre hinweg. Ich fühlte mich wie Sarah, die jedes Jahr älter wurde und das gebärfähige Alter überschritt.

Schließlich, fast zehn Jahre später, sprach Chuck ein Wort zu mir, und etwas in mir begann sich zu regen. Dann fing ganz langsam etwas Neues an zu wachsen. Schließlich blühte es und ich verstand, für was die letzten zehn Jahre gut gewesen waren.

Als Gott mir erschien, war ich 25 Jahre lang der einzige Anbetungsleiter bei Glory of Zion gewesen. Andere waren zwar an meiner Seite, aber niemand war zuversichtlich genug, um in diese Führungsposition zu treten, obwohl ich sie dazu ermutigt hatte. Als Gott mich zu Boden brachte, um Seinen Altar in mir zu bauen, begann Er andere in ihre Leitungsberufung hineinzuführen. In den nächsten Jahren tauchten viele neue Leiter auf, die alle ihre eigene Art des Dienstes hatten, und Gott begann mich an meinen neuen Platz hinter sie zu rücken. Ich liebte es. Das hätte ich nie gedacht.

Dann sprach Gott zu mir, *Kein Auge hat es gesehen, kein Ohr gehört, und in dein Herz ist es nicht gedrungen, was ich für dich habe.* Wir müssen uns nur an den Altar klammern, den Er in uns gebaut hat.

Ein Altar kann nicht vom Wind weggeweht werden; er kann nur durch unsere eigenen Hände eingerissen werden. Wenn wir die Altäre vergessen, wenn wir genug von ihnen haben oder wenn wir uns von ihnen entfernen, dann werden die Steine langsam abbröckeln. Aber wenn wir zurückkehren, wenn wir uns an sie erinnern und wenn wir standhaft sind, dann bleiben die Steine bestehen.

Ich habe zuhause eine Mesusa an meinem Türpfosten. Das ist ein kleines hohles Schmuckstück, in welches die Juden Schriftstücke stecken und an ihren Türpfosten anbringen, so wie es Gott in 5. Mose 6,9 befahl: » du sollst sie auf die Pfosten deines Hauses und an deine Tore schreiben«. Mesusa bedeutet eigentlich »Türpfosten«. Meine beinhaltet das Schriftstück und das Versprechen, das Gott mir gegeben hatte. Es ist mein »Mini Altar«, der mich jedes Mal daran erinnert, wenn ich durch die Eingangstür gehe.

Ohne den Altar Gottes, der für das Kreuz steht, gibt es kein Leben, keine Hoffnung und keinen geistlichen Segen. Alle unsere geistlichen Bedürfnisse können nur durch das Werk des Kreuzes erfüllt werden. Darum ruft uns das Wort Gottes zu: »So lasst uns nun mit Freimütigkeit hinzutreten zum Thron der Gnade, damit wir Barmherzigkeit erlangen und Gnade finden zu rechtzeitiger Hilfe!« (Hebräer 4,16).

Der Altar ist das Fundament für die Beziehung zu unserem Gott. Auf dem Altar, dem Kreuz Christi, werden wir von unseren Sünden gereinigt und bekommen ein reines Gewissen, um anzubeten und Seinem Willen zu gehorchen. Der Altar ist dort, wo wir die Tiefe Seiner Liebe, Sein ewiges Ziel und Seine Bestimmung für unser Leben kennenlernen. Der Altar ist dort, wo wir täglich den Sieg empfangen. Aus diesem Grund sagte Paulus: »Um Ihn zu erkennen und die Kraft seiner Auferstehung und die Gemeinschaft seiner Leiden, indem ich seinem Tod gleichförmig werde« (Philipper 3,10).

Wir können sagen, dass wir alles überwinden durch den der uns geliebt hat (siehe Römer 8,37), allein dadurch, dass wir eine echte Beziehung zu unserem Erlöser auf dem Altar haben. Dadurch wächst in uns das Vertrauen, Seinen Ruf anzunehmen und darauf zu antworten: »Ich vermag alles durch den, der mich stark macht, Christus.« (Philipper 4,13). Die Quelle von solchem geistlichen Vertrauen ist nicht der Stolz, der von der eigenen Stärke abhängig ist; es ist die Weisheit, die von der Erkenntnis kommt, dass alles für uns am Altar vollbracht wurde. Jesus fasste es tapfer am Kreuz zusammen mit dem Satz: »Es ist vollbracht.«

Ein Austausch findet statt

Für ein Kind Gottes ist der Altar nicht nur ein Ort des Empfanges, sondern auch ein Ort des Gebens. Dort geben wir unser Leben an Gott zurück: »Denn ihr seid teuer erkauft; darum verherrlicht Gott in eurem Leib und in eurem Geist, die Gott gehören!« (1. Korinther 6,20).

Wenn wir also glauben, dass der Altar ein Ort ist, an dem wir das an Gott geben, was ihm gebührt, genauso wie wir dort alle Segnungen empfangen, die Er für uns hat, dann ist die Wiederherstellung des Altar Gottes eine sehr dringende Aufgabe. Ein wiederhergestellter Altar ermöglicht uns, den Herrn in Geist und in Wahrheit anzubeten. Das ist der Wunsch Gottes des Vaters, wie es Jesus selbst beschreibt: »Aber die Stunde kommt und ist schon da, wo die wahren Anbeter den Vater im Geist und in der Wahrheit anbeten werden; denn der Vater sucht solche Anbeter.« (Johannes 4,23). Bei der Wiederherstellung des Altars geht es um geistliche Erneuerung, dem Wiederaufbau und Erweckung, um Gott das anzubieten, was er begehrt: »Gott ist Geist, und die ihn anbeten, müssen ihn im Geist und in der Wahrheit anbeten.« (Vers 24).

Der Bau oder die Wiederherstellung eines Altars läutet eine neue Zeit ein, einen Neubeginn. Und die Grundlage eines jeden Neuanfangs ist die Herstellung unserer Beziehung zu Gott durch aufrichtige und wahre Anbetung. Wenn eine neue Zeit in unserem Leben beginnt, bedeutet das, dass wir mit ganzem Herzen auf die Stimme Gottes hören, sie verstehen und ihr gehorchen. Das bringt uns auf einen neuen Weg.

Ohne einen angemessenen Altar können wir kein angemessenes Opfer darbringen, und wir können das nicht empfangen, was Gott für uns vorbereitet hat. Es ist uns nicht möglich unseren Körper einschließlich unserer geistlichen Gaben, Talente, Fähigkeiten und Ressourcen, als ein lebendiges Opfer darzubringen, um Ihn zu ehren. Ohne einen Altar gibt es keinen Opferplatz. Ohne einen Opferplatz, gibt es kein heiliges Feuer von Gott. Ohne ein heiliges Feuer von Gott, erscheint nicht die Herrlichkeit Gottes und es gibt keine geistliche Erweckung. Das Endergebnis ist eine langweilige, tote Religion; Wolken ohne Regen. Leblose Religion tötet, anstatt zu retten. Sie macht krank, anstatt zu heilen und sie verurteilt, anstatt zu befreien. Doch das ist keine tote Religion, sondern die Liebe Christi, die zu Sündern sagt: »So verurteile ich dich auch nicht. Geh hin und sündige nicht mehr!« (Johannes 8,11).

Aus diesem Grund muss ein Altar für ein Feuer der Liebe, Barmherzigkeit, Gnade, Leben, Freude und des Frieden Gottes höchste Priorität haben. Wenn wir den Altar wiederherstellen, setzen wir nicht darauf, was wir für Gott tun können, sondern was Gott für uns getan hat. Als die Israeliten den Altar vernachlässigten, erinnerten sie sich auch nicht mehr daran, was Gott für sie getan hatte. Wenn sie jedoch die Vernachlässigung oder Zerstörung des Altars Gottes von Herzen bereuten, bestand ihr nächster Schritt darin, ihn wiederherzustellen. Wie wir im nächsten Kapitel besprechen werden, ist dies genau das, was der Prophet Elia tat, bevor er Gott bat, zu kommen um ein sehr nasses Opfer auf dem Berg Karmel zu verzehren.

Die Priorität des Feuers für den Dienst

Johannes der Täufer wusste, dass ein Diener Gottes jemand ist, der vom Feuer Gottes berührt wurde. Wie Johannes mit Wasser taufte, sollte der kommende Messias mit Wasser und Feuer taufen. Die Wassertaufe symbolisiert den Tod des alten Lebens im Fleisch und eine Absonderung in ein neues geistliches Leben in Jesus Christus: Das Feuer Gottes folgt dieser Erlösung. Jesus Christus gibt nicht nur Leben, sondern auch das Feuer des Heiligen Geistes, um uns zum Dienst zu befähigen.

Während Jesus Seine Jünger vorbereitete, gab Er ihnen den Befehl: »Und siehe, ich sende auf euch die Verheißung meines Vaters; ihr aber bleibt in der Stadt Jerusalem, bis ihr angetan werdet mit Kraft aus der Höhe!« (Lukas 24,49).

Ihr Dienst konnte nicht beginnen, bevor das Feuer fiel. Die gehorsamen Jünger blieben in Jerusalem. Sie warteten in Anbetung und im Gebet bis sie an Pfingsten mit Feuer getauft wurden. (siehe Apostelgeschichte 2,1-4). Gott gebraucht uns erst als Instrumente Seiner Herrlichkeit, nachdem Er uns mit Seinem Feuer gereinigt, unseren Geist aufgerüttelt, unser Leben erneuert, die Ketten der Sünde gebrochen und unser Ego niedergebrannt hat.

Das Feuer des Heiligen Geistes reinigt, heiligt, verschönert und verändert eine Person in das Abbild Jesu Christi. Gott gebraucht diesen Prozess, um Seine Diener zu »feurigen Flammen« zu machen (Psalm 104,4). Dieser Vers spricht über Seine Engel, Seine Boten (siehe Hebräer 1,7). Aber das Feuer Gottes erneuert auch Gottes Volk, damit sie, als Seine »Gesandten« oder Boten, Seine Herrlichkeit mit voller Autorität verkünden.

Als der Prophet Jesaja den Herrn in Seiner Größe und Majestät sah, weinte er, weil er selbst so unwürdig war:

> *»Da flog einer der Seraphim zu mir, und er hielt eine glühende Kohle in seiner Hand, die er mit der Zange vom Altar genommen hatte; und er berührte meinen Mund [damit] und sprach: Siehe, dies hat deine Lippen berührt; deine Schuld ist von dir genommen und deine Sünde gesühnt! Und ich hörte die Stimme des Herrn fragen: Wen soll ich senden, und wer wird für uns gehen? Da sprach ich: Hier bin ich, sende mich!« (Jesaja 6,6-8)*

Das Feuer der Weihung berührte ihn, wobei es die Schuld beseitigte, ihm ermöglichte, den Ruf Gottes zu hören und ihn befähigte, ohne Zögern zu antworten.

Die Wichtigkeit der Heiligkeit im Feuer

Das Feuer Gottes bringt Heiligkeit in das Leben Seiner Diener für eine echte Beziehung, indem es die Art der Anbetung fördert, die ihm gefällt. Es reinigt die Zunge und macht Diener zu würdigen Rednern des Herrn. Es reinigt unser Erscheinungsbild, damit wir das Leben des Herrn widerspiegeln können.

Lass uns ein Beispiel betrachten, das dies veranschaulicht.

Wenn das Feuer Gottes zu uns kommt, werden wir in das Ebenbild Seines Sohnes verändert. In wahrer Anbetung ermöglicht uns das Feuer eine persönliche Begegnung mit Gott. Erinnere dich, dass der Altar dort ist, wo das Feuer Gottes ununterbrochen brennt. Ohne den Altar können wir Sein Feuer nicht am Brennen halten. Ohne das Feuer kann es keine wahre Anbetung geben.

Schaubild der Stiftshütte

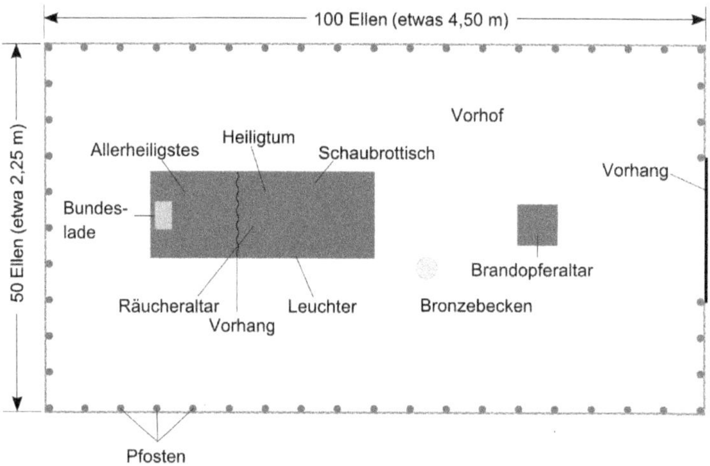

Wie du am obigen Schaubild sehen kannst, beginnt Anbetung am Altar für Brandopfer und reicht bis zum Altar des Räucherwerks, bevor wir durch das Werk Christi am Kreuz in Seine Gegenwart eintreten.

Das ist im Hebräerbrief wunderbar beschrieben:

> *»Da wir nun, ihr Brüder, kraft des Blutes Jesu Freimütigkeit haben zum Eingang in das Heiligtum, den er uns eingeweiht hat als neuen und lebendigen Weg durch den Vorhang hindurch, das heißt, durch sein Fleisch, und da wir einen großen Priester über das Haus Gottes haben, so lasst uns hinzutreten mit wahrhaftigem Herzen, in völliger Gewissheit des Glaubens, durch Besprengung der Herzen los vom bösen Gewissen und am Leib gewaschen mit reinem Wasser.« (Hebräer 10,19-22)*

Das macht deutlich, dass wir die Anbetung am Altar beginnen und dann den ganzen Weg bis zum Thronraum des Königs der Herrlichkeit gehen. Ihm, unserem Retter und Erlöser, der uns durch Sein eigenes Blut dazu berechtigt: »Ihm, der uns geliebt hat und uns von unseren Sünden gewaschen hat durch sein Blut, und uns zu Königen und Priestern gemacht hat für seinen Gott und Vater — Ihm sei die Herrlichkeit und die Macht von Ewigkeit zu Ewigkeit! Amen.« (Offenbarung 1,5-6). Deshalb misst der Herr sowohl den Altar aus, als auch die Anbeter: »Und mir wurde eine Messrute gegeben, gleich einem Stab; und der Engel stand da und sagte: Mache dich auf und miss den Tempel Gottes samt dem Altar, und die, welche darin anbeten!« (Offenbarung 11,1).

Das Feuer des täglichen Sieges

Die Grundlage unserer Erlösung ist die Tat des Herrn Jesus, dem Lamm Gottes, am Kreuz. Johannes der Täufer erklärte diese Wahrheit, als er den Herrn Jesus mit den Worten vorstellte: »Siehe, das Lamm Gottes, das die Sünde der Welt hinwegnimmt!« (Johannes 1,29).

Ein Altar ist ein Ort göttlicher Begegnung durch das Kreuz Christi. Es ist eine Anlaufstelle, um Barmherzigkeit und Gnade zur Erlösung zu erhalten, die Kraft des Heiligen Geistes zur Kindschaft und Anbetung. Wir sind in der Lage, in Seine heilige Gegenwart einzutreten, um einen ewigen Bund und ständige Erneuerung des Lebens zu bekommen. So spiegeln wir Seine Herrlichkeit wider, während wir in Sein Bild verwandelt werden.

Der Altar ist ein Ort, an dem man ständig seinen eigenen Willen abgibt. Nur indem wir diese Hingabe zu einer Priorität machen, können wir mit Gott zusammen in Einklang wohnen. »und nun lebe ich, aber nicht mehr ich [selbst], sondern Christus lebt in mir.« (Galater 2,20). »Täglich sehe ich dem Tod ins Auge.« (1. Korinther 15,31 GNB). »Bringt euch Gott als lebendiges Opfer dar.« (Römer 12,1 GNB). Unser Wille oder unsere persönlichen Interessen zählen nicht länger; alles was wir haben und sind, gehört Jesus.

Spürst du die Dringlichkeit? Bevor wir nicht zum Altar, dem Opferplatz, kommen und Ihm unser Leben in voller Hingabe übergeben, wird Jesus Christus nicht unser Herr und König sein (siehe Römer 14,7). Das, was Jesus gehorsam sagte, sollen auch wir sagen: »Vater ... nicht mein, sondern dein Wille geschehe!« (Lukas 22,42). Wenn ein Gläubiger am Altar bleibt, bedeutet dies, dass er in einer heiligen Bundesgemeinschaft mit dem

Lebendigen Gott wohnt; das ist der Lebensstil des Gehorsams. Genau das bedeutet es, ein lebendiges Opfer für den Lebendigen Gott zu sein.

Am Altar, dem Kreuz Christi, werden wir von unseren Sünden gereinigt und bekommen ein reines Gewissen, um anzubeten und Seinem Willen zu gehorchen. Am Altar verstehen wir die Tiefe Seiner Liebe, Sein ewiges Ziel und Seine Bestimmung für unser Leben. Er ist der Ort, an dem wir täglich den Sieg empfangen. Aus diesem Grund sagte Paulus: »Ich möchte nichts anderes mehr kennen als Christus: Ich möchte die Kraft seiner Auferstehung erfahren, ich möchte sein Leiden mit ihm teilen. Mit ihm gleich geworden in seinem Tod« (Philipper 3,10 GNB).

Bevor wir uns nicht am Altar hingeben, können wir nicht verstehen, dass wir »in dem allem überwinden ... durch den, der uns geliebt hat.« (Römer 8,37). Aber wenn wir mit aufrichtiger Dringlichkeit kommen, können wir voll Vertrauen Seinem Ruf folgen, indem wir antworten: »Ich vermag alles durch den, der mich stark macht, Christus.« (Philipper 4,13). Die Quelle eines solchen geistlichen Vertrauens ist nicht der Stolz auf die eigene Stärke, sondern besteht darin, dankbar zu erhalten, was am Altar bereits für uns vollbracht wurde.

Wie Jesus Sein Leben am Kreuz für uns gab, so sind wir aufgerufen unser Leben als ein lebendiges Opfer zu geben, um täglich für Seine Herrlichkeit, ohne Bedenken und ohne Aufschub, zu leben: »Ich ermahne euch nun, ihr Brüder, angesichts der Barmherzigkeit Gottes, dass ihr eure Leiber darbringt als ein lebendiges, heiliges, Gott wohlgefälliges Opfer: Das sei euer vernünftiger Gottesdienst!« (Römer 12,1). Dort geben wir unser Leben an Gott zurück: »Denn ihr seid teuer erkauft; darum verherrlicht Gott in eurem Leib und in eurem Geist, die Gott gehören!« (1. Korinther 6,20). Wenn wir uns am Altar hingeben, bringen wir damit auch unser Lob dar, unseren Gehorsam Seinen Willen zu tun, unseren Dienst an anderen sowie unser Leben für Ihn, indem wir jederzeit alles für Seine Herrlichkeit tun.

Dies ist unser Ziel – dies ist die Grundlage eines Neubeginns in unserer Beziehung zu Gott. Wenn wir stattdessen den Altar Gottes vernachlässigen, ignorieren wir nicht nur das Leben im Überfluss, das Er für uns hat, sondern auch unsere Verantwortung, auf Seine ewige Liebe zu antworten.

Die Israeliten mussten diese Lektion auf harte Weise lernen. Es brauchte zwei der größten Führer in ihrer langen Geschichte, um dem Volk Gottes zu zeigen, was es bedeutet, das Feuer am Brennen zu erhalten, und wie verheerend es ist, es aufzugeben. Lass sie uns jetzt näher betrachten, damit wir unseren Wunsch erneuern können, den Altar Gottes an jedem einzelnen Tag in unserem Leben zur Priorität zu machen.

Fragen zum Nachdenken

1. Warum ist ein Altar die Grundlage für unsere Erlösung und unsere Segnungen?
2. Warum ist es so dringend wichtig den Altar wiederherzustellen, und wie gehst du dabei vor?
3. Wenn du an das Schaubild der Stiftshütte und an dein eigenes Leben denkst, wie nahe bist du dann am Allerheiligsten – oder anders ausgedrückt, ist dein Altar in einem guten Zustand? Bist du ermutigt, wie du vorankommst? Warum oder warum nicht?

KAPITEL 8

Das Altarfeuer am Brennen erhalten

Für einen Neubeginn, einen neuen Zeitabschnitt oder eine Reise zu unserer Bestimmung müssen wir entweder einen neuen Altar bauen, oder einen Altar, der baufällig geworden ist, wiederherstellen. Gott wird uns an beiden Orten begegnen, aber nur, wenn unsere Herzen aufrichtig sind. Schauen wir uns genauer an, welche Lektionen Gott Seinem Volk beibrachte. Durch Mose zeigte Er ihnen, wie das Feuer brennen bleibt, und als das Volk Gottes das Feuer ausgehen ließ, kämpfte Elia um die Wiederherstellung des Altars.

Mose: Der Ort des Altars

Als Gott Sein Volk aus der Sklaverei in Ägypten befreien wollte, offenbarte Er sich Mose durch einen brennenden Busch. Mose wollte sich das Feuer näher anschauen und hörte dann Gottes Stimme. Gehorsam verließ er Midian und überbrachte Gottes Nachricht dem Pharao: »Lass mein Volk ziehen, damit sie Mich anbeten können.« Bevor sie die Knechtschaft in Ägypten hinter sich ließen, befolgten die Israeliten die Anweisungen Gottes und markierten ihre Türpfosten mit dem Blut eines Lammes. Ein Ereignis, an das sie sich stets erinnern würden und jedes Jahr als Passahfest feiern sollten. Der Herr hatte ihnen gesagt: »Wenn ich das Blut an euren Türpfosten sehe, werde ich vorübergehen. Der Todesengel wird eure Häuser nicht betreten.« (siehe 2. Mose 12,13; Hebräer 11,28). Dadurch erkannten die Israeliten die Errettung durch Gott an.

Nachdem sie sicher das Rote Meer durchquert hatten, gaben sie wieder Zeugnis davon, wie Gott sie vor ihren Feinden beschützt hatte. Dieses Mal gingen sie einen Schritt weiter Richtung wahrer Anbetung, indem sie Instrumente nahmen und Lieder auf den Sieg des Herrn sangen. Dadurch ehrten sie Ihn für das, was Er getan hatte, und besannen sich auf Seine Güte. An diesem Punkt wies der Herrn Mose an: »sie sollen mir ein Heiligtum machen, damit ich in ihrer Mitte wohne!« (2. Mose 25,8).

Die Stiftshütte mit seinem Altarfeuer war äußert wichtig, um die Beziehung zu Gott zu verstehen. Daher unterbrach der Herr ihre Reise und wies das Volk an, Ihm einen Ort der Anbetung zu errichten.

Einige wollten sicherlich weitergehen um an das Ziel der Reise zu gelangen, weil sie dachten: »Herr, kannst du nicht warten, bis wir das Gelobte Land erreicht haben?« Nein! Wahre Verehrung und Anbetung kann nicht bis morgen warten; jetzt ist der richtige Zeitpunkt! Der Herr wollte, dass Israel schon am Anfang der Reise Seinen Bund mit ihnen verstand und bestätigte. Manchmal wollen auch wir auf unserem christlichen Weg, warten, bis wir Gottes Ziel gesehen haben oder Er Seine Versprechen erfüllt hat, bevor wir den Herrn anbeten und Ihn aufrichtig verehren und loben. Dies sollte nicht so sein. Wir sollten genau jetzt anfangen Gott zu loben.

Beachte, dass die Anweisungen zur Verehrung Gottes ihre Grundlage in dem Gesetz haben, das Mose gegeben wurde. Drei Dingen müssen wir uns merken – drei genaue Anweisungen, die auch für uns gelten, wenn wir lernen wollen, uns um den Altar zu kümmern:

- An erster Stelle wollte der Herr, dass Sein Volk Ihn kennt. Er gab das Gesetz, um zu zeigen, wie heilig und ehrfurchtgebietend Er ist, und um dem Volk zu helfen, Seinen Charakter zu verstehen.

- Zweitens wollte der Herr, dass Sein Volk Ihn ehrt. Er zeigte ihnen durch das Gesetz, wie sie sich Ihm durch die Zeremonien in der Stiftshütte nähern konnten.

- Drittens wollte der Herr, dass Sein Volk Gemeinschaft mit Ihm hat. Das Gesetz brachte sie durch das Opfern (Schuldopfer, Sühneopfer, Gemeinschaftsopfer, Speiseopfer und Brandopfer) mit Gott in Gemeinschaft.

Wie wir festgestellt haben, bedeutete ein Brandopfer, welches ein Zeichen von Gottes Annahme war, dass etwas vollständig durch das Feuer verzehrt wurde. Das hebräische Wort für Brand ('ôlâh) bedeutet »was zu Gott aufsteigt«. Das Opfer wurde vollständig verzehrt und ist ein Bild völliger Hingabe. Es wurde dem

Herrn als ein Akt der Anbetung gegeben, als ein Bekenntnis, dass das Opfer Ihm gehört. Dies war eine vollständige Weihung; ein Ausdruck sich Gott zu unterwerfen.

Lasst uns nun mit diesem Hintergrundwissen Gottes Anweisungen an Mose, sich um den Altar zu kümmern, betrachten.

Anweisungen für die Instandhaltung des Altars

In 3. Mose 6 lesen wir von genauen Anordnungen, die der Herr den Israeliten bezüglich des Altars und den auf ihm dargebrachten Opfern gab. Diese alttestamentlichen Anweisungen bilden eine Typologie oder ein Beispiel, das wir auf uns Christen übertragen können. Von den folgenden neun Instruktionen können wir die geistliche Bedeutung der neutestamentlichen Anbetung und besonders des Gebets auf unser Leben ableiten:

Das Brandopfer muss auf dem Altar verbleiben

»Das Brandopfer soll auf seiner Feuerstelle auf dem Altar die ganze Nacht bis zum Morgen verbleiben, und das Feuer des Altars soll auf ihm in Brand gehalten werden.« (3. Mose 6,2). Was dem Herrn gehört, darf nicht vom Altar genommen, woanders hingeschafft und später zurückgebracht werden. Es muss auf dem Altar bleiben, bis es das Feuer des Herrn verzehrt und Er es somit gesegnet hat. Unsere Brandopfer – unser Lob, unsere

Anbetung, unsere Verehrung und unser Gebet – sollten stets vor dem Herrn bleiben. Was wir Ihm bringen, kann nicht nach Belieben gehandhabt werden, so wie wir es wollen. Wenn du dein Leben dem Herrn weihst, muss es geweiht bleiben. Wenn du Ihm dein Talent widmest, muss es gewidmet bleiben. Was du dem Herrn darbringst, muss auf Seinem Altar bleiben.

Nur das Feuer des Herrn darf für die Anbetung verwendet werden

»Es ging Feuer aus von dem HERRN und verzehrte das Brandopfer und die Fettstücke auf dem Altar. Als das ganze Volk dies sah, jubelten sie und fielen auf ihr Angesicht.« (3. Mose 9,24). Das Feuer, welches das Brandopfer verzehrt hatte, kam von Gott; es war nicht von Menschen gemacht.

Manchmal zünden wir in unserem christlichen Leben unser eigenes Feuer an, anstatt zu Gott zu gehen und Ihn um Sein Feuer zu bitten. Wir versuchen dann dieses fleischliche Feuer durch Aktivitäten, Veranstaltungen oder Programme anzufachen. Doch menschliches Feuer verlöscht schnell. Für jede menschliche Flamme, die wir im Hause des Herrn entfachen, das gilt vor allem im geistlichen Dienst, muss ein Preis bezahlt werden - direkt oder indirekt, entweder heute oder in der Zukunft.

Dazu gibt es ein Beispiel als die Priester ihren Dienst in der Stiftshütte begonnen hatten und die beiden ältesten Söhne von Aaron, dem Hohepriester, Gott nicht gehorchten. Gerade als das Feuer vom Herrn kam und das Brandopfer auf dem Altar verzehrte, brachten Nadab und Abihu dem Herrn eigenmächtig ein Feuer, obwohl es der Herr nicht geboten hatte (3. Mose 10,1; siehe 3. Mose 9,24).

Aarons Söhne wollten Weihrauch in der Stiftshütte darbringen. Dazu entfachten sie ihre eigenen Flammen, anstatt von Gottes

Feuer zu nehmen, das auf dem Altar brannte. Wir lesen, dass sie für diese Entweihung, nämlich gefälschtes Feuer vor den Herrn zu bringen, mit dem Tod bestraft wurden: »Da ging Feuer aus von dem HERRN und verzehrte sie, sodass sie starben vor dem HERRN.« (3. Mose 10,2). Das alte Sprichwort über das Spiel mit dem Feuer ist wahr: Du wirst dich letztlich daran verbrennen.

Durch Gottes Gnade und die Barmherzigkeit von Jesus Christus geschehen im Neuen Bund solche Dinge nicht mehr. Jedoch müssen wir uns daran erinnern, dass die Gnade Gottes Seine Eigenschaften nicht verändert. Gott war im Alten Testament heilig, und Er ist auch heute heilig. Gott war im Alten Testament ein verzehrendes Feuer, und Er ist auch heute noch ein verzehrendes Feuer.

Was ist dann der Unterschied zwischen dem Alten Testament und der Gegenwart? Heute erlaubt uns Gottes Gnade, dass wir uns Seinem Thron nähern dürfen. Aber vergiss nie: Seine Eigenschaften haben sich nicht geändert. Unser Gott ist unveränderbar. Er ist derselbe gestern, heute und in alle Ewigkeit.

Deshalb dürfen wir niemals Dinge des Fleisches erschaffen und sie dann als Dinge Gottes bezeichnen. Wir dürfen nie Göttliches mit Menschlichem vermischen. Wir erschaffen ein falsches Feuer, wenn die Gegenwart Gottes in unserem Leben nicht echt ist. Dagegen vermeiden wir ein eben dieses, wenn wir aufrichtig, ehrlich und wahrhaftig zu Gott sind, indem wir Seinen Willen verstehen, diesem gehorchen und uns ihm ganz unterwerfen.

Das Altarfeuer darf nicht verlöschen

»Das Feuer des Altars soll auf ihm in Brand gehalten werden« (3. Mose 6,2). Wir müssen uns merken, dass der Anbetende das Feuer nicht entfachen durfte; aber sobald Gott es entzündet hatte, waren die Menschen dafür verantwortlich, es Tag und Nacht am

Brennen zu halten. Gott wollte dies, damit das Volk nicht seine eigenen Feuer für ihre Opfer und Gaben erzeugte. Sobald ein Brandopfer sachgerecht vorbereitet war, wurde es auf den Altar gelegt. Dann verzehrte es das Feuer als ein Zeichen, dass Gott das Opfer annahm.

Die Asche muss entfernt werden

»Der Priester ... nimmt die Asche des Brandopfers von der Glut und schüttet sie neben den Altar.« (3. Mose 6,3 GNB). Der Herr befahl den Priestern, die Asche zu entfernen, da übriggebliebene Asche nichts zu einem neuen Feuer beiträgt. Ganz im Gegenteil, ein neues Feuer kann durch die Überreste des vorherigen Feuers erstickt werden. Daher mussten sie die Asche von Gottes Feuer entfernen, um die Reinheit des Altars zu erhalten.

Reinheit ist unerlässlich in der Anbetung, im Lob, in der Verherrlichung und im Gebet. Nachdem Jesus sein erstes Wunder vollbracht hatte, ging Er zum Tempel und warf die Tische um, auf denen mit Opfertieren gehandelt und Geld gewechselt wurde. Er sagte: »Schafft das weg von hier! Macht nicht das Haus meines Vaters zu einem Kaufhaus!« (Johannes 2,16). Menschen nutzten das Haus Gottes zu ihrem persönlichen Vorteil. Ob das auf unser eigenes Leben zutrifft, können wir ansatzweise daran erkennen, wie wir Geld verdienen und es verwenden. Dies ist sehr wichtig für die Anbetung, denn die Art, wie wir Geld verwenden, können wir nicht von der Anbetung trennen. In den meisten Fällen spiegelt unser Umgang mit Geld sogar wieder, wie wir Gott anbeten.

Wir müssen den Altar rein und sauber halten, indem wir besonders darauf achten, dass unsere Motivation nicht unser persönlicher Gewinn ist. Diejenigen, die im Herzen rein sind, werden den Herrn in ihrer Anbetung sehen. Reinheit ist ein Zeichen von Heiligkeit. Heiligkeit ist nicht Gesetzlichkeit, sondern vielmehr ein Verlangen Ihm ähnlicher und in Sein Abbild verwandelt zu werden.

Die Asche muss vor das Lager gebracht werden

Er »schaffe die Fettasche hinaus vor das Lager an einen reinen Ort.« (3. Mose 6,4). Die Asche muss nicht nur vom Altar weggefegt, sondern auch komplett entfernt werden.

Was bedeutet das für uns? Paulus sagte: » Ja, legt den ganzen alten Menschen ab, der seinen Begierden folgt!« (Epheser 4,22 GNB) und fügte noch hinzu: »Kein schlechtes Wort soll aus eurem Mund kommen, sondern was gut ist zur Erbauung, wo es nötig ist, damit es den Hörern Gnade bringe. Und betrübt nicht den Heiligen Geist Gottes, mit dem ihr versiegelt worden seid für den Tag der Erlösung!« (Epheser 4,29-30). Dann erklärte er, was aus dem israelitischen Lager entfernt werden musste; und somit auch von unserem: »Alle Bitterkeit und Wut und Zorn und Geschrei und Lästerung sei von euch weggetan samt aller Bosheit.« (Epheser 4,31).

Dies ist die Asche, die wir von unserem Altar entfernen müssen, damit wir den Heiligen Geist nicht betrüben und Sein Feuer nicht auslöschen.

Jeden Morgen muss Brennholz nachgelegt werden

»Darum soll der Priester Morgen für Morgen Holz darauf anzünden« (3. Mose 6,5). Der Herr befahl den Priestern früh an jedem Tag Feuerholz nachzulegen. Dies hält das Feuer mit einer starken Flamme am Leben.

Alles, was uns hilft in der Beziehung zum Herrn zu wachsen und unser geistliches Feuer am Brennen erhält, ist sehr wichtig für unser geistliches Wohlbefinden: das Wort lesen, Gemeinschaft mit Christen pflegen, Gebet, Rechenschaft geben, sich einer gesalbten Lehre aussetzen und uns der richtigen Art von Autorität unterstellen.

Das Brandopfer muss hergerichtet werden

»Darum soll der Priester Morgen für Morgen ... das Brandopfer darauf zurichten« (3. Mose 6,5). Die Priester sind angehalten, das Brandopfer zuzurichten, aber sie sind nicht angehalten, das Feuer zu entfachen. Dies ist ein Bild dafür, wie wichtig ein göttlicher Auftrag ist. Wo es keinen göttlichen Auftrag gibt, oder wo eine göttliche Anweisung nicht beachtet wird, kann keine wahre und aufrichtige Anbetung gemäß dem Wort Gottes stattfinden. Außerdem gibt es kein wirksames Gebet, wo die himmlische Anordnung fehlt. Es ist lebensnotwendig einem solchen Auftrag zu gehorchen, besonders dort, wo das Wirken des Heilige Geist offensichtlich ist.

Dies ist entscheidend, damit Gott in unserer heutigen Gesellschaft weiterwirken kann. Es darf nicht nach menschlicher Logik, nach Verlangen, Philosophie, religiösen Praktiken oder Erfahrungen gehandelt werden, sondern entsprechend dem göttlichen Auftrag, der auf dem Wort Gottes gegründet ist. Die Frage ist nicht, was wir fühlen, sondern was die Bibel sagt. Nicht das ist wichtig, was wir erlebt haben, sondern die Wahrheit im Wort Gottes.

Wir sehen den göttlichen Auftrag deutlich in dem Plan, den der Heilige Geist der Gemeinde gegeben hat. Er hat uns den fünffachen Dienst des Heiligen Geistes gegeben, die geistlichen Gaben, sowie die Frucht des Heiligen Geistes. Beachte, dass der fünffache Dienst, der in Epheser 4,11 genannt wird – Apostel, Propheten, Evangelisten, Hirten und Lehrer –, Menschen gegeben wurde, die sich zusammengeschlossen haben und die entsprechenden Gaben des Heiligen Geistes haben, damit sie die Frucht des Geistes hervorbringen. Das göttliche Mandat wurde den Gemeinden gegeben, in denen der fünffache Dienst gelebt wird. Gott gibt geistliche Autorität in die Gemeinden, damit der Dienst nach Seinem Plan ausgeführt werden kann.

Das Fett des Brandopfers muss verbrannt werden

»Darum soll der Priester Morgen für Morgen ... die Fettstücke der Friedensopfer ... in Rauch aufgehen lassen.« (3. Mose 6,5). Im Alten Testament bezieht sich Fett auf das beste Stück des Opfers. Gott möchte unser Bestes und Ihm muss das Beste geopfert werden. Wenn wir in der Anbetung, und besonders in unserem Gebetsleben, nur die Überreste bringen, wie zum Beispiel die Stunden, in denen wir müde und erschöpft sind, wird Gott nicht geehrt, und wir sind nicht erfolgreich. Wenn wir aber aufrichtig beten und anbeten wollen, müssen wir Gott unser Bestes geben. Die Anweisung im Alten Testament lautete, Gott das Beste zu bringen, da nur unser Bestes angemessen für Ihn ist.

Der Altar darf nie entweiht werden

»Jeder, der vom Haus Israel oder von den Fremdlingen in Israel sein Opfer darbringt ... der opfere, damit es für euch wohlgefällig angenommen wird, ein makelloses männliches [Tier] von den Rindern, Schafen oder Ziegen. Ihr sollt nichts opfern, woran ein Gebrechen ist« (3. Mose 22,18-20). Dies zeigt, dass der Schaden sogar noch größer wird, wenn wir nicht unser Bestes geben: Ein entstelltes Tier entweiht sogar den Altar. Auch im Neuen Bund schänden wir ihn, wenn wir zu Gott kommen und dabei bewusst nicht Seinen Willen suchen oder auf Sein Wort hören. Jedes Mal, wenn wir aus einem unreinen Herzen und falschen Motiven heraus anbeten, entweihen wir den Altar.

Und jedes Mal, wenn wir Gottes Plan nicht beachten, und Ihm nur die Überreste bringen, unser Bestes dagegen für etwas anderes als die Anbetung aufsparen, entweihen wir den Altar.

Vernachlässige niemals ein brennendes Feuer

An diesen Versen sehen wir, dass ein entscheidender Punkt in der Instandhaltung des Altars ist, ob das Feuer nach korrekter Anweisung aufrechterhalten wird. Sünde und Auflehnung löschen das Feuer Gottes, und dann ist alles vorbei. Lies noch einmal diese Verse, in denen der Herr die Israeliten warnte, das Feuer der Stiftshütte nicht ausgehen zu lassen:

> *»Und der HERR redete zu Mose und sprach: Gebiete Aaron und seinen Söhnen und sprich: Dies ist das Gesetz vom*

Brandopfer. Das Brandopfer soll auf seiner Feuerstelle auf dem Altar die ganze Nacht bis zum Morgen verbleiben, und das Feuer des Altars soll auf ihm in Brand gehalten werden ... Aber das Feuer auf dem Altar soll auf ihm brennend erhalten werden, es soll nicht erlöschen; darum soll der Priester Morgen für Morgen Holz darauf anzünden und das Brandopfer darauf zurichten und die Fettstücke der Friedensopfer darauf in Rauch aufgehen lassen. Ein beständiges Feuer soll auf dem Altar in Brand gehalten werden; es soll nie erlöschen!« (3. Mose 6,1-2.5-6)

In diesem kurzen Absatz sagte der Herr dem Volk dreimal, dass sie das Feuer nicht ausgehen lassen sollen. Jedes Mal, wenn das Feuer vernachlässigt wurde, entfernte sich die Gegenwart Gottes – Seine Versorgung, Sein Schutz, Seine Führung. Wir sehen, dass genau dies das ganze Alte Testament hindurch so war – Vernachlässigung des Feuers auf dem Altar, Zerstörung desselben und die anschließende Entfernung von Gottes Gegenwart. Jedes Mal, wenn die Israeliten den Altar verfallen ließen, gab es kein göttliches Feuer mehr; keine Gegenwart des Herrn. Dieser Punkt führt uns zu Elia.

Elia: Wenn das Feuer verlöscht

Ungefähr sechs Jahrhunderte sind vergangen, seitdem die Israeliten die Anweisungen, wie sie sich um den Altar kümmern sollten von Mose erhalten hatten. Doch allzu oft beherzigten sie Sein Wort nicht. Salomos Königreich war durch Streit entzweit worden, sodass das Nordreich (Israel) unter König Ahab nun nicht mehr im Jerusalemer Tempel anbetete - denn dieser befand sich im Südreich (Juda).

Die Zeiten, in denen Elia seinen Dienst versah und Ahab als König regierte, waren hoffnungslos. Das Land wurde von einer Dürre heimgesucht, die Elia prophezeit hatte. Die Propheten versteckten sich in Höhlen, als Königin Isebel ihren Tod befahl und die erfahrbare Macht und die Zusagen Gottes eine ferne Erinnerung waren. Die Völker, die um Israel herum wohnten, waren tief in Götzenanbetung verstrickt. »Der Altar des Herrn« (1. König 18,30), der sich in Karmel befand und der, so wie Elia ihm Respekt zollte, zweifellos ein alter und heiliger Ort der Anbetung gewesen sein muss, war vernachlässigt worden.

Offensichtlich war das Feuer in Israel erloschen.

Die Israeliten, die sich immer danach sehnten, wie die Nichtjuden zu sein, rebellierten in fünffacher Weise gegen den Herrn:

Sie rebellierten gegen Gottes Gesetze

Während der Zeit der weit verbreiteten Götzenanbetung verließ die ganze Nation Israel den Herrn und gab ihr Herz anderen Göttern: »Aber der Engel des HERRN sprach zu Elia, dem Tisbiter: Mache dich auf und geh den Boten des Königs von

Samaria entgegen und sprich zu ihnen: Gibt es denn keinen Gott in Israel, dass ihr hingeht, um Baal-Sebub, den Gott von Ekron, zu befragen? ... Und Elia ging.« (2. Könige 1,3-4).

Sie hörten auf Gott zu dienen

Da sie Gott nicht dienten, wurde der Altar Gottes vernachlässigt und fiel zusammen.

Ihr König weigerte sich, dem Herrn zu dienen

Weil die Könige nicht mehr auf Gottes Propheten hören wollten, stellten sie ihre eigenen Propheten an, die Lügen sprachen. Diese falschen Propheten hinderten das Volk daran zur Wahrheit zurück und durch Buße zu Gott zu kommen.

Ahab und Isebel verfolgten Gottes Propheten

Die böse Königin Isebel verfolgte Gottes Propheten gnadenlos. Ein Diener von König Ahab bezeugte dies Elia: »Ist meinem Herrn nicht berichtet worden, was ich getan habe, als Isebel die Propheten des HERRN tötete, dass ich von den Propheten des HERRN 100 Männer verbarg, hier 50 und dort 50, in Höhlen, und sie mit Brot und Wasser versorgte?« (1. Könige 18,13). Die Verfolgung war so heftig, dass sich die Propheten versteckten.

Die Schrift zeigt, dass in dieser Zeit auch der König sie aktiv verfolgte. So berichtete der Diener dem Elia weiter: »So wahr der HERR, dein Gott, lebt, es gibt kein Volk, noch Königreich, in das mein Herr nicht gesandt hätte, um dich zu suchen. Und wenn sie sagten: »Er ist nicht hier«, so nahm er einen Eid von jenem Königreich und von jenem Volk, dass man dich nicht gefunden habe.« (1. Könige 18,10). Man spürt richtig, wie unbehaglich sich andere allein in der Nähe der Propheten Gottes fühlten. »Und du sprichst nun: Geh hin, sage deinem Herrn: Siehe, Elia ist hier! Er wird mich ja töten!« (1. Könige 18,14). Dies zeigt, wie die Menschen dieser Zeit Gottes Stimme nicht hören wollten. Kein Wunder, dass Isebel Elia töten wollte.

Ahab und Isebel verfolgten die Priester

Die übriggebliebenen Priester wurden vertrieben. Folglich gab es keinen mehr, der Gott Opfer darbrachte. Der Altar wurde aufgegeben und der geistliche Dienst eingestellt. Götzenpriester, die falschen Göttern opferten, ersetzten die Priester Gottes.

Leider werden genau diese Punkte auch für große Teile des Leibes Christi beschrieben. Wenn neues Feuer von Gott fehlt, versuchen viele Christen so gut es geht ohne es auszukommen, und wundern sich dann, warum ihre Feinde ihnen so stark erscheinen, warum sie keine Kraft haben der Sünde zu widerstehen, ja warum sie ihren Glauben nicht leben können, und vieles mehr.

Schließlich, nach vielen Jahren heimlichen Betens und Wartens (wie du es vielleicht selbst schon erlebt hast) wurde der Prophet Elia von Gott aus dem Versteck zu König Ahab geführt um ihm gegenüberzutreten. Es scheint, als ob der Herr sagt, dass es heute für Sein Volk an der Zeit ist, das Gleiche zu tun. Er ruft Seine Gemeinde auf, aus unseren Höhlen herauszukommen und die Altäre unserer Leben, unserer Familien, unserer Gemeinden, unserer Städte und Nationen wiederherzustellen, damit Er Sein Feuer darauf entfachen kann.

Im Gehorsam gegenüber Gottes Wort und trotz großer persönlicher Gefahr, trat Elia Ahab gegenüber. Der König willigte ein, das Volk Israel und die Propheten des Baals auf dem Berg Karmel zu versammeln. Als sie alle beisammen waren, forderte Elia sie heraus. Im Wesentlichen sagte er: »Wer würde absichtlich einen falschen Gott anbeten? Wer würde absichtlich ohne Feuer und Regen leben? Lasst uns unsere Stimmen erheben– die Propheten Baals an ihrem Altar und das Volk Gottes an Seinem Altar – und dann dem Gott folgen, der mit Feuer antwortet und Regen sendet!«

Gemäß der Vereinbarung bereiteten die Propheten des Baals ein Opfer zu und riefen ihren Gott an. Aber er antworte nicht, weder durch Feuer noch durch ein Geräusch. Nach einem erfolglosen Tag des Flehens, Rufens und sich selbst Verletzens gaben die Propheten Baals auf und mussten eingestehen, dass ihr Gott kein Feuer hat.

Elia wusste, dass verirrte, rebellische Herzen die Erfahrung von Gottes Feuers brauchten, um völlig zu Ihm zurückzukehren. Und damit solch ein Feuer brennen konnte, war es nötig den wahren Altar wiederherzustellen.

Der Prozess des Wiederaufflammens

Wir lernen von Elia, dass bestimmte Vorbereitungen getroffen werden mussten, die der Verherrlichung Seines Namens durch Feuer vorausgehen. Elias Vorbereitungen bezogen sich auf die folgenden fünf Bereiche:

Elia sah die Notwendigkeit der Instandsetzung

»Da sprach Elia zu dem ganzen Volk: Tretet heran zu mir! Als nun das ganze Volk zu ihm trat, stellte er den Altar des HERRN, der niedergerissen war, wieder her.« (1. Könige 18,30). Damit Gottes Feuer fallen kann, muss der Altar vorbereitet werden und auf einem sicheren Fundament gebaut sein. Ein Leben in Lobpreises, Anbetung und Gebet, das am Altar erfahren wird, sollte auch durch das Studium des Wortes erneuert werden. Jesaja macht diesen Punkt durch seine Lehre vom Fasten deutlich (siehe Jesaja 58).

Elia fordert Israels Erbe zurück

»Und Elia nahm zwölf Steine, nach der Zahl der Stämme der Söhne Jakobs, an den das Wort des HERRN ergangen war: »Du sollst Israel heißen!«« (1. Könige 18,31). Elia baute den Altar mit zwölf Steinen, um das Volk an ihr Erbe als Gottes auserwähltes Volk zu erinnern.

Dies war für sie ein wichtiger Schritt hin zu ihrer Identität und es sollte helfen, zu betonen wie unabdingbar eine Umkehr ist. Manchmal kann es sogar notwendig sein für das Volk Gottes Fürbitte einzulegen, indem man in seinem Namen Buße tut. Der Herr achtet dies. Auch Daniel tat das (siehe Daniel 9). Sogar Nehemia fastete und bekannte die Sünden seines Volkes (siehe Nehemia 1).

Elia folgte Gottes Zeitplan

»Und es geschah um die Zeit, da man das Speisopfer darbringt, da trat der Prophet Elia herzu und sprach.« (1. Könige 18,36). Ein Diener, der das Feuer Gottes erfahren will, muss auf seinen Kalender verzichten und bereit sein, alles nach Gottes Zeitplan zu tun, indem er weder voraus rennt noch dahinter zurückbleibt. Gott hat Seinen eigenen Kalender. Weil Er der Herr der Zeit ist, ist Sein Zeitplan stets perfekt.

Elia handelte entsprechend Gottes Wort

Elia betete: »O HERR, du Gott Abrahams, Isaaks und Israels, lass [sie] heute erkennen, dass du Gott in Israel bist und ich dein Knecht, und dass ich dies alles nach deinem Wort getan habe!« (1. Könige 18,36). Gott ist der Herr und Er steht treu zu Seinen Worten und ist daher unfehlbar in allem, was Er verspricht.

Elia betete im Vertrauen

Elias Vertrauen zu diesem Zeitpunkt ist sehr erstaunlich. Der Altar wurde wiederaufgebaut. Das Holz und das Opfer wurden auf ihn gelegt, und es war alles mit Wasser übergossen worden, so dass der umlaufende Graben voll Wasser war. Hunderte falsche Propheten, durch ihre Ekstase von Blut triefend, schauten darauf und waren sicher, dass er genauso versagen würde wie sie. Das Volk Israels stand still und beobachtete das alles. Elia hatte kein Feuer in der Hand, mit welchem er das Holz anzünden könnte.

Dann betete er diese Worte: »Erhöre mich, o HERR, erhöre mich, damit dieses Volk erkennt, dass du, HERR, der [wahre] Gott bist, und damit du ihr Herz zur Umkehr bringst!« (1. Könige 18,37).

Das war alles! Kein Flehen, kein Schreien, keine Selbstverstümmelung. Lediglich ein einfaches Gebet folgte der Wiederherstellung des Altars – und das Feuer Gottes fiel. Als es einschlug, entzündete es nicht nur das Opfer und das Holz, sondern auch »die Steine und die Erde; und es leckte das Wasser auf im Graben.« (1. Könige 18,38).

Die Menschen bereuten und kehrten zu Gott um; die Propheten des Baals wurden hingerichtet. Nachdem Elia auf dem Berg Karmel für ein Ende der dreieinhalb Jahre dauernden Dürre gebetet hatte, kam die Hand des Herrn in solcher Stärke über ihn, dass er König Ahabs Streitwagen davonlief und den sich zusammenbrauenden Sturmwolken entkam, die den lang erwarteten Segen des Regens enthielten.

Das ist eine tolle Geschichte! Sie berichtet uns nicht nur von einem überwältigenden Ereignis, das sich im alten Israel ereignete, sondern dient auch als Vorlage, um unsere Altäre wiederaufzubauen und um neues Feuer zu erhalten.

Das Feuer eines gottgefälligen Charakters

Damit das Feuer Gottes kommt, müssen wir Seinem Willen entsprechend beten. Zudem ist es unerlässlich ein redliches Herz und reine Motive zu haben sowie ein gottesfürchtiges Leben zu führen.

Wir haben untersucht, wie notwendig es war, den Altar wiederherzustellen, was Elia deutlich bewusst war, und auch, wie er diese Arbeit vorbereitet hatte. Aber es gibt noch mehr, was wir lernen können. Elia war ein Prophet des Herrn und verstand, dass das Feuer Gottes dessen Heiligkeit und Reinheit widerspiegelt. Wenn wir uns Elias Leben und seinen Dienst anschauen, ist es bemerkenswert, wie sehr er sich für Gott einsetzte und sich danach sehnte die Nation zu Gott zurückzuführen.

Er verstand viel vom Bund Gottes und unserem dringenden Bedürfnis nach wahrer Anbetung. Aus diesem Grund erneuerte er den Altar: zur Verehrung unseres Gottes, des Gottes Abraham, Isaaks und Jakobs. Er blieb standhaft und wandte sich nicht den weitverbreiteten nationalen Göttern zu. Kein Wunder, dass ihm der Herr mit Feuer antwortete!

Hier sind fünf Punkte seines gottgefälligen Charakters, die sich in jener schwierigen Zeit zeigten – und die uns in unseren eigenen Herausforderungen ermutigen sollen:

GEBET

Elia war ein Mann des Gebets. Obwohl seine prophetische Arbeit scheinbar im Vordergrund stand, müssen wir uns daran erinnern, dass die Grundlage seines Lebens das Gebet war. Im

Buch Judas wird uns Elia folgendermaßen vorgestellt: »Elia war ein Mensch von gleicher Art wie wir, und er betete inständig, dass es nicht regnen solle, und es regnete drei Jahre und sechs Monate nicht im Land; und er betete wiederum; da gab der Himmel Regen, und die Erde brachte ihre Frucht.« (Jakobus 5,17-18). Bekümmert, dass Israel unter Isebels Einfluss Baal als ihre Segensquelle verehrte, begann Elia aufrichtig zum Herrn zu beten, dass es nicht regnen möge, damit sich Israel daran erinnerte, dass nicht Baal, sondern Gott für es sorgt. Der Herr reagierte auf sein Gebet und bevollmächtigte Elia, den Regen zu beenden und damit sogar selbst die Natur zu kontrollieren.

Elia lebte sein Leben auf den Knien. Daraus kam auch seine Bevollmächtigung. Gott vertraut denjenigen Seine Autorität an, die Er zu Seiner Verherrlichung auf den Knien vorfindet. Mit dieser erstaunlichen Vollmacht ging Elia zu König Ahab und sagte: »So wahr der HERR lebt, der Gott Israels, vor dessen Angesicht ich stehe, es soll in diesen Jahren weder Tau noch Regen fallen, es sei denn, dass ich es sage!« (1. Könige 17,1). Der Ausdruck, *dass ich es sage* zeigt das große Mandat, das Gott Elia anvertraut hatte. Solche beständige Bevollmächtigung ist die Folge von langanhaltend gebeugten Knien. Ein Leben im Gebet, das die Kraft Gottes freisetzt, ist die grundlegende Voraussetzung, die wir zur Wiederherstellung des Altars Gottes brauchen.

Der Herr erhörte Elias Gebet. Als der Prophet sprach, gehorchte der Himmel. Gott möchte mit uns dasselbe tun, wenn wir uns Seiner Herrlichkeit und dem Feuer auf dem Altar verpflichten. Gott kann uns große Vollmacht anvertrauen, um Seinen Willen zu tun, wenn Er uns auf unseren Knien vorfindet. Psalm 8,7 erinnert an den Auftrag im Garten, als Adam über die Natur gesetzt wurde. »Du hast ihn zum Herrscher über die Werke deiner Hände gemacht; alles hast du unter seine Füße gelegt«

Jesus, der Adams verlorengegangene Vollmacht zurückerlangte, bevollmächtigte Seine Jünger nicht nur über die Natur im Allgemeinen, sondern gab ihnen auch Autorität über den Feind der Gerechtigkeit: »Er rief aber seine zwölf Jünger zusammen und gab ihnen Kraft und Vollmacht über alle Dämonen und zur Heilung von Krankheiten« (Lukas 9,1). Er sagte zu Seinen Jüngern: »Siehe, ich gebe euch die Vollmacht, auf Schlangen und Skorpione zu treten, und über alle Gewalt des Feindes; und nichts wird euch in irgendeiner Weise schaden.« (Lukas 10,19).

Unter solch göttlicher Bevollmächtigung bauen wir den Altar Gottes wieder auf.

DEMUT

Nachdem Elia Ahab die Dürre prophezeite – also nach einem großen Zeichen der Vollmacht – wurde die Demut des Propheten hart geprüft. »Und das Wort des HERRN erging an ihn folgendermaßen: Geh fort von hier und wende dich nach Osten und verbirg dich am Bach Krit, der östlich vom Jordan fließt! Und du sollst aus dem Bach trinken, und ich habe den Raben geboten, dass sie dich dort versorgen!« (1. Könige 17,2-4).

Gott prüfte die Demut des Propheten, indem Er für Elia sorgte und zwar so, dass Elia es nicht in der Hand hatte. Doch die härtere Prüfung bestand darin, dass Elia Brot und Fleisch von Raben erhalten sollte, die nach den jüdischen Speisegesetzen unreine Vögel waren. Er lernte, dass Vollmacht und Demut zusammengehörten. Je größer die Bevollmächtigung ist, desto tiefer die Demut.

EIFER

Elia wurde vom Eifer für Gottes Namen und Seiner Herrlichkeit angetrieben. Als Elia nach der Machtprobe mit Isebel vor ihr wegrannte und sich in einer Höhle versteckte, kam der Herr und fragte ihn, was er da tat.

Der Prophet begann zu antworten: »Ich habe heftig geeifert für den HERRN, den Gott der Heerscharen« (1. Könige 19,10 GNB). Dann fuhr er fort den geistlichen Zustand des Bundesvolkes Gottes zu beschreiben. Sie hatten den Altar Gottes vernachlässigt und sogar zerstört, sich dem Götzendienst zugewandt und sich wahrscheinlich während der Dürre von Elia abgewandt. Zu dieser Zeit erreichte der Prophet die Höhle und war überzeugt, dass er der einzige überlebende Gläubige in Israel war. Doch Elias Eifer hielt an, genauso wie seine Bereitschaft, den Preis als Sprachrohr Gottes zu bezahlen.

Diesen inneren Eifer für Seine Herrlichkeit hatten in der Schrift alle Menschen, die der Herr gebrauchte. Nehemia besaß eine Leidenschaft für die Stadt und die Israeliten. Deshalb gebrauchte Gott ihn, um die Stadtmauer Jerusalems wiederaufzubauen. Als David den Bau des Tempels vorbereitete, motivierte auch ihn der Eifer für die Herrlichkeit Gottes. Der Herr bestätigte Davids Thron und gab ihm einen Sohn, der den Tempel baute und der weiseste und reichste aller Könige wurde. Gott gebrauchte Hesekiel aufgrund seiner Inbrunst für den Herrn, um den Tempel zu sanieren und den zerstörten Altar wiederaufzubauen. Die Apostel gründeten und bauten die Kirche auf das echte und starke Fundament des Evangeliums, unter großer gesalbter Macht. Besonders Paulus besaß Leidenschaft für das Haus und die Arbeit Gottes, denn oft gab er in seinen Briefen wieder, dass seine größte Last das Wohlergehen der Gemeinde sei. In Seinem irdischen Dienst war Jesus von Beginn bis zum Ende leidenschaftlich. »Seine Jünger dachten aber daran, dass geschrieben steht: »Der Eifer um dein Haus hat mich verzehrt«« (Johannes 2,17; siehe Matthäus 21,12-13).

Ein Diener, der Gottes Feuer sehen will, muss zuerst von Gottes Liebe angesteckt werden und Leidenschaft für Seine Herrlichkeit, Seinen Namen und Seine Arbeit besitzen.

GLAUBE

Der Psalmist schrieb: »Woher kommt mir Hilfe?« Elia wusste, dass sie von Gott kam. Bei der Machtprobe mit den Propheten Baals trat Elia vor. »Und es geschah um die Zeit, da man das Speisopfer darbringt, da trat der Prophet Elia herzu und sprach...« (1. Könige 18,36). Herantreten bedeutet »nahekommen, vortreten, hinaufsteigen«. Dadurch hatte sich Elia von anderen unterschieden. Er bewies ein Leben voller Mut und Glauben. Das hebräische Wort, das wir mit »Herantreten« übersetzen, wird auch für das Wort »kämpfen« benutzt. Durch den Glauben war Elia bereit, die Schlacht bis zuletzt zu kämpfen. Er war bereit für die Herrlichkeit seines Gottes den Unterschied zu machen.

GEDULD

Elia war unvorstellbar geduldig. Er hat sich zum Beispiel nicht einfach dazu hinreißen lassen, das Feuer des Herrn herabzurufen, so verlockend das auch gewesen sein mag. Er betete eifrig bis er Anweisungen und die Macht bekam, zu tun, was er tun sollte. Obwohl er die Vollmacht hatte, den Himmel zu öffnen und zu schließen, gehorchte Elia dem Wort des Herrn und wartete dreieinhalb Jahre, bis die richtige Zeit, es regnen zu lassen, gekommen war.

Das Feuer Gottes, welches dem Regen göttlichen Segens vorangeht, kommt dann, wenn Gott es will, und nicht, wenn wir es sagen. Es darf nicht gehetzt werden; und es gibt auch keine Abkürzung, um es ins Leben zu rufen. Wenn wir den Plänen Gottes für uns zuvorkommen, werden wir keine Vollmacht oder Salbung haben. Wir müssen mit ganzer Hingabe auf den Herrn warten wollen. Wenn wir gehorsam warten, ist dies für Gott genauso wichtig, wie wenn wir den Altar erneuern und um das Feuer bitten.

Das innere Feuer

Der Geist des Herrn kündigt ein neues Zeitalter der offenen Türen und Möglichkeiten für diejenigen an, die gehorchen wollen. Der erste Schritt, der Aufbau eines persönlichen und eines Familienaltars, sollte der Fokus eines jeden aufrichtigen Kindes Gottes sein. Wir brauchen einen Ort für das fallende Feuer von Gottes Liebe, Gnade, Barmherzigkeit, Leben, Freude und Frieden.

Wenn wir den Altar wiederherstellen, konzentrieren wir uns nicht darauf, was wir für Gott tun können, sondern was Gott für uns getan hat. Als die Israeliten den Altar links liegen ließen, vergaßen sie, was Gott für sie getan hatte. Jedes Mal, wenn sie bereuten, dass sie sich nicht um den Altar Gottes gekümmert hatten, bestand der nächste Schritt darin, ihn wiederherzustellen.

Das galt in alttestamentlicher Zeit und dies gilt auch heute noch. Wenn der Altar der Beziehung und der Anbetung zerbrochen ist oder in Trümmern liegt, gibt es keinen Ort mehr, auf dem Gottes Feuer wirkungsvoll in unserem Leben oder in unserer Arbeit für das Königreich brennen kann. Wenn Einzelne, Gemeinden und Dienste die Ziele Gottes voranbringen wollen, muss das Feuer Gottes Tag und Nacht brennen.

Wir haben bereits erwähnt, dass wir beide es lieben, Teams zu allen Völkern der Erde zu schicken. Dem Herrn gehört die ganze Erde und alles, was auf ihr lebt. Unser Ziel ist es, das Feuer am Brennen zu halten und was übriggeblieben ist, zu schüren. Wir wollen diesen Bericht von Marty Cassady, einer globalen Botschafterin in unserem Dienst, mit dir teilen, in dem sie beschreibt, was sie in Dudley, England, erfahren hatte:

Als ich anbetend in meinem Hotelzimmer wartete, bis unsere Versammlung begann, hörte ich den Geist des Herrn sagen, Marty, mein Feuer ruht nie! Ich war beeindruckt von dem, was er sagte und betet weiter an jenem Morgen. Doch während meiner Anbetungszeit am Abend fing der Herr an, mir einzuschärfen, was er wirklich sagen wollte.

Zuerst zeigte Er mir ein Bild von Mose in der Wüste, als er sich dem brennenden Busch zuwandte. Dann zeigte er mir die drei hebräischen Kinder, die in den Feuerofen in Babylon geworfen wurden. Das Nächste, was Er mir zeigte, war Elia und der Machtkampf am Berg Karmel. Und schließlich zeigte Er mir das Kommen des Heiligen Geistes in Apostelgeschichte 2.

Seit dieser Zeit habe ich viele Beispiele von Feuer im Wort Gottes gefunden, doch vor allem zeigte Er mir dies: Wir selbst sollen brennen, als Altäre, auf denen das Feuer niemals erlöscht und niemals ruht. Sein Feuer heute ist dasselbe, das Mose zu sich rief, dasselbe Feuer, das die drei hebräischen Kinder umgab, und dasselbe Feuer, das den einen wahren Lebendigen Gott auf dem Berg Karmel bezeugte. Als Jeremia sich über seine Berufung beklagte, kam er zu diesem Schluss: »da brannte es in meinem Herzen, als wäre ein Feuer in meinen Gebeinen eingeschlossen, und ich wurde müde, es auszuhalten; ja, ich kann es nicht.« (Jeremia 20,9).

Ich möchte, dass du das Feuer in dir am Brennen hältst und einen Altar entzündest, wo immer du hingehst!

Den Altar am Brennen zu halten, wohin auch immer wir hingehen, indem wir »Seine Brennenden« sind – das ist unser Ziel.

Noch eine letzte Sache

Bevor wir uns weiter mit der wahren Bedeutung von Anbetung beschäftigen, möchten wir, dass du einschätzt, wo du in dem Prozess des Wiederaufflammens des Altarfeuers stehst.

Sei ehrlich! Ist deine Leidenschaft für die Heiligkeit schon mal unter dem Druck von Problemen und Schwierigkeiten abgekühlt? Hat sich im Laufe der Zeit dein Schwerpunkt auf die alltäglichen Belange des Lebens verlagert? Scheint Anbetung etwas zu sein, in das andere mit Leichtigkeit hineintreten, aber mit dem du dich schwertust?

Wenn es sich anfühlt, als würde das Feuer auf dem Altar deines Herzens weniger hell brennen – oder wenn es stark ist und du es so erhalten möchtest – dann nimm dir Zeit für das nächste Kapitel und stelle fest, dass es niemals zu spät ist, zu deiner ersten Liebe zurückzukehren. Wir werden uns einige Beispiele aus der Schrift ansehen, die dich ermutigen werden, alles, was verloren gegangen ist, zum Altar zurückzubringen. Dann bist du bereit für die letzten Kapitel, die dich zurüsten werden einen Altar anzuzünden, wo auch immer du hingehst.

Fragen zum Nachdenken:

1. Gottes Charakter ist im Wesentlichen Heiligkeit. Ist die Tatsache, dass Gott ein »verzehrendes Feuer« ist ein erschreckender oder ein tröstlicher Gedanke, wenn du deinen Altar baust?

2. Welche drei konkreten Punkte aus der Liste - Anweisungen für die Instandhaltung des Altars - in diesem Kapitel würden deine Beziehung zu Gott heute am meisten stärken? Warum?

3. Wie stark vertraust du darauf, dass Gott Feuer senden wird, wenn du einen Altar baust?

KAPITEL 9

Bist du vom Weg abgekommen? Geh zurück!

Wenn wir etwas wiederaufbauen wollen, müssen wir zurückgehen und uns den ursprünglichen Plan ansehen. Das Gleiche gilt für das Feuer auf dem Altar.

Wenn wir die ursprüngliche Vorlage vergessen oder uns von ihr entfernt haben, verlieren wir unsere Leidenschaft für die Heiligkeit. Wir lassen die Ehrfurcht, unsere heilige Furcht vor Gott, zurück. Die Liebe, der Sieg, die Freude und die Begeisterung, die geholfen haben, unsere Reise des Glaubens zu beginnen, sind weg. An diesem Punkt sagt der Geist Gottes zu uns: »Gehe zurück zu deiner ersten Liebe. Geh zurück zum Ursprung. Bring zurück, was fehlt.«

Der Weg der Rückkehr

Wir lesen in der Bibel von vielen Personen, die zum Ursprung zurückgingen, um das Feuer ihres Glaubens zurückzuerhalten. Hier sind mehrere Beispiele. Vielleicht spricht eines davon besonders in dein Herz.

Jakob geht nach Bethel zurück

Wie du dich bestimmt erinnerst, begegnete Jakob in Bethel Gott, als er die Himmelsleiter sah. Er lief von seinem Bruder Esau weg, nachdem er das Erstgeburtsrecht gestohlen hatte. Als Jakob durch die Wüste reiste, offenbarte sich Gott ihm in einem Traum und versprach, dass Er ihm Erfolg schenken und ihn schützen wird.

Der Traum war Jakobs erste Begegnung mit dem Gott Abrahams und Isaaks. Er war von dieser Begegnung so begeistert, dass er sich verpflichtete, zurückzukommen und eine Stätte der Anbetung für Gott zu bauen. Er nannte den Ort der Begegnung Bethel, was »Haus Gottes« bedeutet:

> *»Und Jakob legte ein Gelübde ab und sprach: Wenn Gott mit mir sein und mich behüten wird auf dem Weg, den ich gehe, und mir Brot zu essen geben wird und Kleider anzuziehen und mich wieder mit Frieden heim zu meinem Vater bringt, so soll der HERR mein Gott sein; und dieser Stein, den ich als Gedenkstein aufgerichtet habe, soll ein Haus Gottes werden; und von allem, was du mir gibst, will ich dir gewisslich den Zehnten geben!« (1. Mose 28,20-22)*

Der Herr hielt Sein Versprechen. Aber wie so viele von uns hielt Jakob seines nicht. Er wohnte in der Ebene und die Götzen der Gegend durften in seinem Haus sein. Viele Jahre später sprach Gott erneut zu Jakob und sagte: »Mache dich auf, zieh hinauf nach Bethel und wohne dort und baue dort einen Altar für den Gott, der dir erschienen ist, als du vor deinem Bruder Esau geflohen bist!« (1. Mose 35,1). Dieser Befehl besteht aus zwei Teilen.

Der erste Teil des Befehls bestand für Jakob darin, zum ursprünglichen Ort der Begegnung, Bethel, zurückzugehen. Bethel symbolisierte für Jakob viele Bereiche seiner Beziehung zu Gott, einschließlich eines Ortes der göttlichen Begegnung. Jakob musste sein Gespür für Ehrfurcht und Respekt vor Gott wiederfinden, der ihm erschienen war, als er sich auf der Flucht befand. Bethel war:

EIN ORT DES VERSPRECHENS

Gott nahm das Versprechen, das Er Jakob gegeben hatte, ernst. Indem Jakob nach Bethel zurückkehrte, erinnerte er sich daran, dass auch er das Versprechen, das er Gott gegeben hatte, ernst nehmen sollte.

EIN ORT DER BESTIMMUNG

In Bethel hatte Gott Jakob einen Einblick in die göttliche Bestimmung gegeben, die er erfüllen sollte. Indem Jakob an diesen Ort zurückkehrte, sollte er sich daran erinnern, Gottes höhere Berufung zu erfüllen.

EIN ORT DES ERBES

Gott versprach Jakob ihm dieses Land der Begegnung als ein Erbe für seine Nachkommen zu schenken.

Der zweite Teil des Befehls bestand für Jakob darin, einen Altar zu bauen. Nach dieser bedeutsamen ersten Begegnung hatte Jakob den Stein, den er als Kopfkissen benutzt hatte, genommen, ihn zum Gedenkstein aufgestellt und Öl darüber gegossen mit dem Versprechen nach Bethel zurückzukommen, ein Haus für Gott zu bauen und anzubeten. Viele Jahre waren vergangen, doch Jakob kam nicht zurück.

Nachdem der Herr ihn daran erinnert hatte und ihm befahl: »Mache dich auf und baue dort einen Altar für den Gott, der dir erschienen ist« (1. Mose 35,1), antwortete Jakob:

> *»Da sprach Jakob zu seinem Haus und zu allen, die bei ihm waren: Tut die fremden Götter von euch weg, die in eurer Mitte sind, und reinigt euch und wechselt eure Kleider! So wollen wir uns aufmachen und nach Bethel hinaufziehen, dass ich dort einen Altar errichte für den Gott, der mir geantwortet hat zur Zeit meiner Not und der mit mir gewesen ist auf dem Weg, den ich gezogen bin!« (1. Mose 35,2-3)*

Heute ruft uns Gott nach Bethel zurück. Es ist der Ort, an dem wir uns von falschen Göttern befreien, den Altar Gottes aufbauen und wahre Anbetung darbringen. Beachte, dass Gott Jakob nicht nur zu Besuch nach Bethel zurückrief. Er befahl Jakob dorthin zu siedeln und dort zu wohnen. Wenn wir uns wirklich nach einem neuen Feuer Gottes sehnen, müssen wir zum Ort der Offenbarung zurückkehren und dort wohnen.

Wenn wir zurückkehren, um an dem Ort der wahren Begegnung zu wohnen, wird sich Gott uns wieder glorreich offenbaren, wie

Er es auch bei Jakob tat: »Und Gott erschien Jakob zum zweiten Mal, seitdem er aus Paddan-Aram gekommen war, und segnete ihn. Und Gott sprach zu ihm: Dein Name ist Jakob, aber du sollst nicht mehr Jakob heißen, sondern Israel soll dein Name sein! Und so gab er ihm den Namen Israel.« (1. Mose 35,9-10).

Es gibt zwei schöne Aspekte in Jakobs Geschichte. Der Erste, als der Segen Gottes kam, weil Jakob gehorsam war. Da Jakob die Familiengötzen entfernte und nach Bethel zurückkehrte, segnete Gott ihn erneut. Dieser Segen bezog sich nicht nur auf das Materielle. Der Segen umfasste auch, dass Jakob selbst sich veränderte und erneut seine Bestimmung, die Ziele Gottes zu erfüllen, verstand. Gottes Güte umfasst sowohl körperlichen als auch geistlichen Segen. Wenn wir nicht zu unserem eigenen Ort der ursprünglichen Begegnung zurückkehren, kann es keinen wahren Segen in Form eines andauernden Feuers der Erweckung geben. Wir müssen zu unserer ersten Liebe, Jesus Christus, zurückkehren.

Der zweite schöne Aspekt bei Jakob bestand darin, dass der Herr seinen Namen änderte. Als Jakob nach Bethel zurückkehrte, gab ihm Gott eine neue Identität: »Israel«, eine Veränderung, die ihn in seine göttliche Berufung führen sollte. Jakob erhielt seinen Namen bereits, als er mit dem Engel Gottes gerungen und um Gottes Segen gefleht hatte. Damals nannte Gott ihn »Israel« als ein Zeichen Seines Segens. Aber Jakob traute sich nicht den Namen »Israel« zu benutzen. Erst als er zum Anbeten zurückkehrte, nahm er den Namen seiner Bestimmung an.

Es ist eines der Hauptziele einer Erweckung, uns in unsere Berufung als Mitglieder des Leibes Christi zu bringen. Erweckung stellt unsere Berufung als Kind Gottes und als die Braut Christi wieder her; wir sind Jünger von und Überwinder durch den Herrn Jesus. In dieser wiedererlangten Identität können wir die geistliche Vollmacht ausüben, die Gott uns erteilt. Aus diesem

Grund ist unsere Rückkehr an den Ort oder die Stelle unseres Herzens, an dem wir Gott zum ersten Mal durch Jesus Christus begegnet sind, so wichtig.

Hier sind noch weitere Beispiele für den Segen der Rückkehr.

Naomi geht nach Bethlehem zurück

Nachdem Naomi ihren Mann und zwei Söhne verloren hatte, entschied sie sich nach Bethlehem zurückzukehren und wurde dort vollständige wiederhergestellt und sehr gesegnet. Naomis Rückkehr ermöglichte auch ihrer Schwiegertochter Ruth in einem neuen Land zu leben, den wahren Gott kennenzulernen und Teil der Abstammungslinie des Herrn Jesus Christus zu werden.[5] Naomis geistlicher Hunger wurde erst durch ihre Rückkehr nach Bethlehem, was »Haus des Brot« bedeutet, gestillt. Die ganze Stadt freute sich, als Naomi zurückkam!

David kehrt zur Freude zurück.

Als König David seinen Ehebruch mit Batseba bereute, betete er: »Gib mir wieder die Freude an deinem Heil, und stärke mich mit einem willigen Geist!« (Psalm 51,14). David bat Gott nicht einfach ihm seine Sünde zu vergeben; er bat Gott auch, ihm das wiederherzustellen, was er verloren hatte – die Freude seiner Erlösung. Das war Davids Heimkehr, seine Rückkehr zu seiner ersten Liebe, seine Suche nach dem ursprünglichen Feuer und der Leidenschaft für seinen Glauben. Zu diesem Zeitpunkt sagte er auch zu Gott: »Die Opfer, die Gott gefallen, sind ein zer-

---

5 Dies ist sehr ausführlich erklärt in dem Buch *Determination to Make a Difference* (Corinth, Tex.: Gospel of Glory, 2002) von Alemu Beeftu.

brochener Geist; ein zerbrochenes und zerschlagenes Herz Wirst du, o Gott, nicht verachten.« (Psalm 51,19). Es ist der beste Weg den Altar für Gottes Feuer wiederherzustellen, wenn wir mit einem gebrochenen Herzen zu unserem ursprünglichen Ort der Heiligkeit und Ehrfurcht vor dem Herrn zurückzukehren.

Josef und Maria gehen nach Jerusalem zurück

Nach dem Lukas Evangelium ging Josef mit seiner Familie jedes Jahr zum Passahfest nach Jerusalem. Die ersten Reisen mögen für Josef und Maria voller Ehrfurcht und Dankbarkeit gewesen sein, weil sie erkannt hatten, dass Gott sie auserwählt hatte, für Jesus verantwortlich zu sein. Sie freuten sich wahrscheinlich, weil sie beide die Voraussetzungen des Gesetzes erfüllt hatten und als Eltern Verantwortung trugen.

Es ist aber auch wahrscheinlich, dass mit den Jahren und dem Älterwerden von Jesus, diese jährliche Reise nach Jerusalem mehr und mehr zu einer Normalität und einer gewöhnlichen Tradition wurde, da es ihnen ermöglichte neue Kontakte zu knüpfen. Vielleicht waren Josef und Maria mehr mit dem sozialen Aspekt der Reise beschäftigt als mit seiner geistlichen Bedeutung, denn sie ließen Jesus mit zwölf Jahren am Passahfest zurück: »Und als sie die Tage vollendet hatten und wieder heimkehrten, blieb der Knabe Jesus in Jerusalem; und Joseph und seine Mutter wussten es nicht.« (Lukas 2,43). Tatsächlich waren Josef und Maria den ganzen Tag ohne Jesus in Richtung Heimat unterwegs gewesen, und hatten angenommen, dass Er auch in der Gruppe war.

Wenn in unserem Leben, unserem Dienst, unseren Gemeinden und in unserem Zuhause die Gegenwart oder die Abwesenheit von Jesus nicht bemerkt wird, bedeutet das, dass das Feuer nicht mehr da ist. Dann ist es Zeit zurückzukehren. Als Josef und Maria feststellten, dass Jesus nicht bei ihnen war, eilten sie zurück, um nach Ihm zu suchen, anstatt die Reise ohne Seine Gegenwart fortzusetzen. Sie gingen nach Jerusalem zurück und suchten Jesus drei Tage lang, bis sie Ihn fanden.

Die einzige Lösung: Geh zurück!

Wir haben bereits festgestellt, dass in der Offenbarung die Gemeinde in Ephesus getadelt wurde, weil sie ihre erste Liebe vergessen hatte. Der Herr lobte die Menschen für Vieles, was sie getan hatten (siehe Offenbarung 2,2-3), doch ohne die leidenschaftliche Liebe für den Herrn Jesus Christus war dies nicht genug. Die einzige Lösung hieß zurückzugehen: »Bedenke nun, wovon du gefallen bist, und tue Buße und tue die ersten Werke!« (Offenbarung 2,5).

Wenn wir uns verpflichten, zu dem ursprünglichen Plan zurückzukehren, bedeutet das, dass wir uns in erster Linie mit dem von Gebet getragenen Wunsch nach seinem Königtum befassen müssen. Dort wird die Autorität des Königs voll anerkannt, offenbar und etabliert. Wenn wir über das Königreich sprechen, müssen wir uns daran erinnern, dass das Herzstück der König ist. Das Königreich besteht wegen dem König und nicht umgekehrt.

Gottes Wille und das Königreich

Nur wenn wir zum ursprünglichen Königreich zurückkehren, können wir den Willen Gottes verstehen und demgemäß beten und leben. Das Interesse, das wir am Königreich haben, führt dazu, dass wir uns auch für den König interessieren. Unser Interesse für Ihn führt wiederum dazu, dass wir uns für Seinen Willen interessieren – für alles, was der König in Seinem Königreich haben möchte.

Gottes Wille und Sein Ziel umfasst jede Zeit: die Vergangenheit, das Heute, die neuen Himmel und die neue Erde, die noch kommen werden. Gottes Wille ist nicht zeitlich befristet. Gottes Wille ist ewig, von Ewigkeit zu Ewigkeit. Er ist nicht zeitlich begrenzt, sondern überdauert alle Zeit. Das beten wir mit den Worten, die Jesus uns gelehrt hat: *Dein Reich komme, dein Wille geschehe.*

Gottes Wille ist nicht zeitlich gebunden und daher sind das unsere Gebete auch nicht. Wenn wir Gott also um etwas bitten, bitten wir Ihn vermutlich darum, es jetzt zu erfüllen. Aber unsere Gebete sind nicht auf unsere Umstände begrenzt. Es schwächt die Macht des Gebets, wenn wir das Gebet auf unsere augenblickliche Situation begrenzen. Wir sollten für solche Dinge beten, aber wir müssen auch sehen, dass unsere Gebete als Kinder Gottes Auswirkungen sowohl auf die aktuellen Bedürfnisse als auch auf die Ewigkeit haben.

So ist es auch beim Willen Gottes. *Dein Wille geschehe* spricht von allem, was Gott geplant und beabsichtigt hat, von der ewigen Vergangenheit bis zur fernen Zukunft. Wir sollen Gottes Willen im Zusammenhang mit Seinem Königreich erkennen und annehmen. Dies führt uns dazu, dass Seine Ziele und allumfassenden Pläne erfüllt werden. Es führt uns auch dazu, dass wir die Bedeutung des Gebets erkennen und verstehen. Wenn wir beten, dann ist es ein Teil von Gottes Willen und Seinem ewigen Ziel.

So sehr wir auch versuchen den Willen Gottes zu verstehen, ist es doch schwierig, ihn vollständig zu begreifen. Aus diesem Grund betet der Heilige Geist für uns. Er kennt das Herz des Vaters. Er kennt den Willen des Vaters. Deshalb redet Paulus davon, vom Heiligen Geist geführt zu werden. Der Heilige Geist betet für uns, wenn wir nicht wissen, wie wir beten sollen, weil wir Gottes Willen und Sein Ziel nicht wirklich verstehen. Unsere Sicht ist nämlich getrübt.

Das Königreich Gottes ist ein Königreich des Lebens. Wenn wir beten, dass das Reich Gottes komme oder Sein Wille geschehe, dann sagen wir im Grunde, dass wir zurück zum Leben in seiner ganzen Fülle wollen. Wir beten um nichts weniger als das Leben, welches Christus schenkte: »Ich bin gekommen, damit sie das Leben haben und es im Überfluss haben.« (Johannes 10,10). So ist das Reich Gottes mit dem Missionsbefehl verbunden. Der Missionsbefehl lautet das Evangelium zu predigen und andere zu Jüngern zu machen. Wenn wir sagen *Dein Wille geschehe,* so umfasst dieses Gebet auch die Durchführung des Missionsbefehls.

Jesus sagte: »Ich bin nicht hier um meinen Willen zu tun, sondern um den Willen des Vaters zu tun.« In Gethsemane betete Er: »Ich suche nicht meinen Willen, sondern Deinen.« Dies zeigt, dass das Königreich durch den Willen des Vaters und den Gehorsam des Sohnes aufgebaut wurde. Jesus gab Sein Leben, um das Reich zu bauen und die Verheißungen Gottes zu erfüllen. Wenn wir beten *Dein Wille geschehe,* stimmen wir damit noch einmal dem zu, was Gott in, durch uns und um uns herum im Reich Gottes tun will.

Jesus sagte zu Seinen Jüngern: »Ich sende euch, wie mich mein Vater gesandt hat.« Jesus kam, weil Sein Vater Ihn gesandt hatte; und Er lebte für den Willen des Vaters. Weil Jesus für den Willen des Vaters lebte, sind auch wir dazu aufgerufen für dessen Willen zu leben. Deshalb ist es so wichtig, unsere Gebete mit Gottes Willen in Einklang zu bringen. Sein Wille und unsere Gebete beeinflussen das Kommen des Königreiches.

Darüber hinaus ist es auch ein Teil des Segens, den Er uns auf der Erde geben möchte, wenn wir Gottes Willen kennen. Was für ein Segen ist es, Gottes Willen auf unserem Weg mit Ihm und in unserer Gemeinschaft mit Ihm, zu kennen! Den größten Segen, an dem sich ein Mensch erfreuen kann, ist der, Gottes Willen jeden Tag zu kennen und danach zu leben. Wir spiegeln damit Jesu Herz wieder, indem wir selbst bereit sind zu dienen: »Ich bin ich. So wie es geschrieben steht, komme ich, um Deinen Willen zu tun.«

Unsere Tage wurden im Buch des Lebens geschrieben, bevor wir überhaupt existierten (siehe Psalm 139,16). Durch das Gebet Dein Wille geschehe sind wir mit dem einverstanden, was bereits in Gottes Buch steht. Wir bezeugen damit, dass wir zurückgehen wollen: um unseren Willen Ihm unterzuordnen, Seine Ordnung anzunehmen und Ihm zu

folgen, wo auch immer Er uns hinführt. Wir sind überzeugt davon, dass es ein Segen ist, zurückzugehen, da Sein Wille Segen in unser Leben bringt und Seinen Namen verherrlicht.

Das Geheimnis von Gottes Willen

In Epheser 1,9 sagt Paulus, dass Gott das Geheimnis Seines Willens Seinen Kindern offenbart hat. Es ist also für Gottes Kinder möglich, dessen Willen zu kennen. Wie geht das? Es geschieht durch das Wort Gottes, den Heiligen Geist und Gottes Salbung auf uns. Der Hauptgrund, warum wir überhaupt Gottes Willen kennen können, ist jedoch, weil Er das so möchte. Er hat uns auf die Erde gestellt, damit wir Seinen Willen erfüllen. Höre noch einmal auf Jesu Worte: »Wie mich mein Vater gesandt hat, so sende Ich euch.« Wenn Gott uns als ein guter Vater und Hirte sendet, wird Er daher auch nicht Seine Pläne vor uns verbergen. Es ist dem Herrn eine Freude, Seinen Willen Seinen Kindern zu offenbaren, weil es unsere Beziehung zu Ihm stärkt.

Mit dem Gebet *Dein Wille geschehe* sagen wir: »Ich bin bereit, Deine Wünsche zu erfüllen.« Wenn wir beten und Gott bitten, dass Er uns Seinen Willen, Sein Ziel und Seinen Plan zeigt, deutet dies an, dass wir diesem auch folgen wollen. Das bedeutet also auch, dass wir den Preis bezahlen wollen. Sei gewiss, es gibt immer einen Preis, den wir bezahlen werden, um Gottes Willen zu erfüllen. Unterordnung und Gehorsam kostet etwas. Sind wir also bereit den Preis zu bezahlen, damit der Wille des Herrn erfüllt wird?

In dem Gebet *Dein Wille geschehe* zeigt sich Gottes Gnade. Gott befiehlt seinen Kindern nicht, Seinen Willen ganz allein auszuführen. So handelt Gott nicht. Stattdessen wird immer, wenn wir Seinen Willen bejahen, Gottes Gnade freigesetzt. Jedes Mal, wenn wir ihn bejahen, wie heftig und schwer die Last auch sein mag, wird die Gnade Gottes freigesetzt und gibt uns Kraft für das, was vor uns liegt.

Wir sehen dies im Leben von Petrus, Johannes und den anderen Gläubigen kurze Zeit nach Pfingsten in Apostelgeschichte 4. Als sie sich vornahmen, das Evangelium zu predigen, obwohl es der Hohe Rat verboten hatte, setzte Gott einen Überfluss seiner reichlichen Gnade und mächtigen Kraft frei. Gott segnete ihre bereitwilligen Herzen und das Königreich wurde gestärkt. »Und als sie gebetet hatten, erbebte die Stätte, wo sie versammelt waren, und sie wurden alle mit Heiligem Geist erfüllt und redeten das Wort Gottes mit Freimütigkeit.« (Apostelgeschichte 4,31).

Nur wenn wir zum ursprünglichen Entwurf des Königreiches zurückgehen – wie es uns im zweiten Kapitel der Apostelgeschichte gezeigt wird – können wir das Feuer der Erweckung in unseren Herzen entzünden. Indem wir zu dem ursprünglichen Plan und Ziel Gottes für unser Leben zurückkehren, in welchem das Königreich der Hauptschlüssel für einen wahren Aufbruch ist, werden wir nachhaltig verändert.

Um zum Ursprung zurückzugehen, müssen wir wissen, wo wir in unserer Beziehung zu Gott stehen und wo Er uns gerne haben möchte. Wenn du überzeugt bist, dass das Feuer auf dem Altar deines Herzens schwächer wird, dann lautet Gottes Frage an dich: »Wo stehst du?« Wenn du diese Frage mit dem Gebet »Dein Reich komme, Dein Wille geschehe« beantworten kannst, wirst du die Fülle göttlicher Gnade erleben, die viel Frucht und eine außergewöhnliche Beziehung zu Ihm mit einem Leben in Fülle beinhaltet.

Fragen zum Nachdenken

1. Welche Geschichte aus der Schrift über das Zurückgehen zum ursprünglichen Plan spricht dich am meisten an? Warum?
2. Wie stehen deiner Meinung nach der Wille und das Reich Gottes in Beziehung zueinander?
3. Was bedeutet für dich, als einem Kind Gottes, die Aussage Dein Reich komme und dein Wille geschehe? Was sagt dies über deine Beziehung zum Herrn aus?

KAPITEL 10

Herr, entfache wieder das Feuer auf dem Altar!

Wenn wir wieder einen Altar von echter Anbetung errichten, wirkt sich dies dauerhaft auf das Reich Gottes aus, da so Menschen auf jeder Ebene gerettet, befreit und geheilt werden. Vom geistlichen bis zum intellektuellen Bereich können wir nun überschwänglich und erfolgreich sein, da wir befähigt sind, ein Leben zu führen, aus dem die Herrlichkeit Gottes strahlt.

Wir müssen unsere Ansichten über den Altar verändern, besonders über den Altar der Anbetung. Normalerweise wird der Altar der Anbetung als eine Zeit angesehen, in der die Familienandacht stattfindet, in der wir selbst beten und die Bibel studieren und natürlich in der wir wöchentlich den Gottesdienst mit geistlichen Liedern und geistlicher Lehre besuchen. Doch wenn wir es mit dem Feuer auf dem Altar ernst meinen, muss sich diese Vorstellung ändern. Wahre Anbetung ist nicht auf einen speziellen Ort oder eine bestimmte Zeit beschränkt.

Stimmst du oder stimmst du nicht der folgenden Aussage zu? *Anbetung ist ein Dienst, zu dem jedes Kind Gottes berufen ist.* Wenn dies tatsächlich so ist, müssen wir unsere Ansicht über Anbetung völlig verändern. Anbetung ist viel mehr als das, was wir an jedem Sonntag oder in bestimmten Zeiten zuhause tun. Dienst ist so viel mehr als christliche Tätigkeiten, die wir unter der Woche ausüben bis wir am Sonntag wieder zur Kirche gehen. Anbetung und Dienst sind ein und dasselbe und jeder Versuch, die beiden zu trennen, endet mit dem, womit Trennungen normalerweise enden: Es tötet. Jede Person ist zu dem Dienst aufgerufen den Namen des Herrn jeden Moment und überall zu verherrlichen. Darum geht es bei wahrer Anbetung.

Anbetung bedeutet dem heiligen Lebendigen Gott zu begegnen, Ihn zu verehren und Ihm das Opfer des Lobes als Antwort auf Seine Güte zu bringen. Dazu gehört auch, dass wir unser Herz in Ehrfurcht vor Ihm ausschütten. Wenn dies Anbetung ist, wie beten wir dann an? Wie kommen wir dann in die Gegenwart des Herrn?

Was Anbetung nicht ist – und was sie ist

Anbetung wird oft falsch definiert. In Anbetungs-Gottesdiensten äußern wir uns mit unterschiedlichen Ausdrucksweisen und Formen, die Lieder, Lobpreis und Anbetung beinhalten. Menschen, die aufstehen und singen, glauben, dass das die wahre Anbetung ist. Diejenigen, die ihre Hände erheben, sind überzeugt, dass sie anbeten. Menschen, die einen heiligen Tanz vor dem Herrn aufführen, empfinden wiederum dies als Anbetung. Nach der Bibel ist es jedoch keines davon; das sind nur Ausdrucksweisen.

Aufrichtige Anbetung ist die Begegnung mit dem Heiligen Gott. In dieser Begegnung lernen wir Seine Heiligkeit, Reinheit, Majestät, und Seinen Charakter kennen. Wir werden ehrfürchtig und begreifen, dass Er allein würdig ist, unser Lob, unsere Verehrung und unsere Anbetung zu bekommen. Die Form oder Ausdrucksweise ist dabei nicht wichtig; stehend, tanzend, die Hände erhebend oder singend definiert nicht »wahre« Anbetung, sondern lediglich den Stil.

Wichtig ist der Grund für die Anbetung. Es geht nicht darum, wie wir singen, sondern warum wir singen. Das Warum macht Anbetung für Gott annehmbar oder eben nicht. Wenn die Anbetung auf unserer Begegnung mit dem Herrn gegründet ist, kann dies bedeuten, dass wir manchmal überhaupt nichts zu sagen haben; wir sind still. Johannes zum Beispiel sah Jesus unter den in Offenbarung 1 beschriebenen Gemeinden wandeln. Er begann Jesus von Kopf bis Fuß zu betrachten - Seine Majestät, Seine Macht und Herrlichkeit. Bald darauf lag Johannes wie ein toter Mann mit dem Gesicht zu Boden. War dies Anbetung? Ja.

Diejenigen die Anbetung als Jubeln und Tanzen oder sonst wie veranschaulicht definieren, werden Johannes Stille und Schweigen nicht als Anbetung wahrnehmen. Doch genau dies war es. Was ist mit David, als er die Bundeslade Gottes zurückbrachte und vor dem Herrn mit ganzer Kraft umhersprang? War dies Anbetung? Ja.

Welcher der beiden zeigt nun wahre Anbetung? David oder Johannes? Beide! Keiner der beiden Männer betete in einer vorgegebenen Art oder Form. Beide beteten in einer unverwechselbaren und persönlichen Weise an, was nur eine natürliche Reaktion auf ihren Grund überhaupt anzubeten war – ihre Ehrfurcht, ihre Freude und ihr Verständnis davon, wer Gott ist.

Johannes sah in seiner Offenbarung Jesus von Angesicht zu Angesicht; er hatte nicht die Kraft zu stehen oder zu hüpfen. David hingegen hatte die Zusagen Gottes und den Bund mit Ihm erfahren und die Bundeslade wurde zu ihm gebracht. Seine Freude zeigte er im Hüpfen.

Wahre Anbetung ist unsere aufrichtige, ernsthafte Antwort an einen heiligen, allmächtigen Gott. Es gibt dafür kein Rezept, weil sie in jedem Augenblick und überall stattfinden darf. Dies ist Teil des Umdenkens, den wir in Bezug auf die Anbetung und den Altar Gottes vollziehen müssen. Wenn wir uns auf eine persönliche Erneuerung ausrichten – unsere Herzen für unseren Schöpfer wiederherstellen – müssen wir mit einem bestimmten Thema beginnen: der Anbetung. Denn der Altar der Anbetung ist die Grundlage für die Bundesbeziehung mit Gott.

Wahre Anbetung spiegelt Gottes Herrlichkeit wider

In wahrer Anbetung konzentrieren wir uns auf Gott und haben den brennenden Wunsch, Seine Herrlichkeit zu sehen und sie in unserem täglichen Leben zu reflektieren. Gott in allem Tun zu verherrlichen ist die Berufung von jedem Kind Gottes. Dazu ermutigt Gottes Wort in 1. Korinther 10,31: »Ob ihr nun esst oder trinkt oder sonst etwas tut — tut alles zur Ehre Gottes!« Wir können nur alles zur Ehre des Herrn tun, wenn wir uns darauf konzentrieren, Ihn zu ehren. Paulus definiert diesen Prozess noch weiter und sagt: »Wir alle aber, indem wir mit unverhülltem Angesicht die Herrlichkeit des Herrn anschauen wie in einem Spiegel, werden verwandelt in dasselbe Bild von Herrlichkeit zu Herrlichkeit, nämlich vom Geist des Herrn.« (2. Korinther 3,18).

Wenn wir alles tun, um Seine Herrlichkeit widerzuspiegeln, anstatt zu versuchen, unsere eigenen Gaben oder Fähigkeiten hervorzuheben, ist das Ergebnis wahre Anbetung. Der Altar, der die Herrlichkeit Gottes in allem widerspiegelt, ist durch die Kraft des Heiligen Geistes wiederhergestellt für das neue Feuer einer dauerhaften Erweckung. Wahre Anbetung bringt uns Gott näher und gibt dem Heiligen Geist die Freiheit, uns in die Menschen zu verändern, die wir sein sollten. Wir ehren Gott und werden Jesus ähnlicher in diesem Prozess.

Der Herr beruft uns zu einer Beziehung mit einem lebendigen Erlöser. Jesus baute solch eine Beziehung zu den Jüngern auf, bevor Er sie mit Vollmacht aussandte (siehe Markus 3,13-14). Genauso entspringt unsere Anbetung und unser Dienst für Gott der Beziehung, die wir mit Christus haben. Dein Verhältnis und deine Gemeinschaft mit Gott liefern die wesentliche Grundlage der Anbetung, die Ihm gefällt.

Ich, Alemu, habe zwei Kinder. Das ältere ist ein Mädchen. Als sie vier oder fünf Jahre alt war, kam sie oft morgens leise in meinen Gebetsraum, um bei mir zu sein, während ich betete. Ich liege normalerweise während meiner privaten Gebetszeit mit meinem Gesicht nach unten vor dem Herrn. Daher legte sich meine Tochter hinter mich, während ich betete. Ein paar Mal hörte ich auf zu beten und fragte sie, ob sie nicht zurück ins Bett gehen wolle.

Jedes Mal, wenn ich sie dies fragte, kam dieselbe Antwort. »Nein, Papa. Ich weiß, dass du betest. Ich werde dich nicht stören. Ich möchte nur bei dir sein.«

Immer wenn meine Tochter diese Worte sagte, erinnerte mich der Herr daran, dass Sein Herz sich danach sehnt, dass ich dasselbe bei Ihm tue; einfach in Seine Gegenwart zu kommen und zu sagen: »Papa, ich möchte nur bei Dir sein und Gemeinschaft mit Dir haben.«

Gottes Wunsch und Sein Plan für unser Leben ist es, dass wir in das Ebenbild Christi verändert werden. Jesus starb nicht für Aktionen, wie wir das bei so vielen »Diensten« unter Christen heute sehen; Jesus bezahlte den Preis, damit wir Seine Kinder sein können. Paulus sagte zu den Gläubigen in Rom, dass dies Gottes Vorhersehung für unser Leben sei: »Denn die er zuvor ersehen hat, die hat er auch vorherbestimmt, dem Ebenbild seines Sohnes gleichgestaltet zu werden, damit er der Erstgeborene sei unter vielen Brüdern.« (Römer 8,29).

Die Verwandlung in das Abbild Christi durch den Plan des Vaters und der Arbeit des Heiligen Geistes ist das Resultat einer täglichen Beziehung mit Gott. Ohne diese wahre Beziehung gibt es keine Anbetung und keinen Dienst. Doch dort, wo es wahre Beziehung gibt, da existiert auch wahre Anbetung. Der Prozess, den Altar zu entfachen, beginnt genau hier mit einzelnen Gläubigen und ihren Reich Gottes Gemeinschaften, in denen sie die Erneuerung ihres Geistes, die Kraft des Heiligen Geistes und die volle Offenbarung des Wortes Gottes erfahren.

Das Feuer des Gehorsams

Unsere Anbetung zeigt sich in aufrichtigem Gehorsam gegenüber Gottes Willen und Seinem Ziel. Ihm zu gehorchen ist wirklich die einzige Möglichkeit Gott zu ehren und unsere wahre Liebe zu Ihm auszudrücken. Es verlangt völlige Unterordnung und die Entschlossenheit Sein Ziel zu erfüllen. Daher ist in Gottes Augen Gehorsam besser als Opfer. Erinnere dich an Samuels Worte: »Hat der HERR dasselbe Wohlgefallen an Schlachtopfern und Brandopfern wie daran, dass man der Stimme des HERRN gehorcht? Siehe, Gehorsam ist besser als Schlachtopfer und Folgsamkeit besser als das Fett von Widdern!« (1. Samuel 15,22). Wahre Anbetung beginnt nicht damit, Gott etwas zu bringen, sondern indem wir uns selbst Ihm darreichen. Gehorsam schließt das eigene Herz, den Willen, die Kraft und die Seele ein. Wahre Anbetung schließt das ganze Ich mit ein. Alles andere ist keine Anbetung, auch wenn es so aussieht.

Anbetung zu verstehen bedeutet Gehorsamkeit zu verstehen. Gegenüber Gott ist es mehr als eine emotionale Reaktion auf Musik oder eine bewegende Botschaft. Es beinhaltet immer ein Opfer. Darum musste Jesus am Kreuz so viel leiden. In Philipper 2,8 wird angedeutet, dass Jesus den Willen Seines Vaters gehorsam, demütig und mit reinem Herzen erfüllte. »Er erniedrigte sich selbst und wurde gehorsam bis zum Tod, ja bis zum Tod am Kreuz.« Demütiger Gehorsam ist eine zuverlässige Grundlage für Anbetung.

Das Wesen des Altarfeuers ist die Anbetung Gottes mit einem gehorsamen und demütigen Herzen. Er wünscht sich, dass wir die wahre Demut wiederfinden, die uns befähigt, Ihn in unserem ganzen Tun, Tag und Nacht, zu verherrlichen. Wie die 24 Ältesten, über die geschrieben steht: »So fallen die 24 Ältesten nieder vor dem, der auf dem Thron sitzt, und beten den an, der lebt von Ewigkeit zu Ewigkeit; und sie werfen ihre Kronen vor dem Thron nieder« (Offenbarung 4,10).

Das Altarfeuer für ein neues Feuer der Erweckung beginnt hier. In wahrer Anbetung wird der Wille Gottes zum Mittelpunkt von allem. Es gibt keinen echten Gehorsam, wenn wir den Willen Gottes nicht kennen.

Wenn wir für Seinen Willen leben wollen, müssen wir damit beginnen, diesen zu erkennen. Jesus sagt nicht einfach, »ich gehorche meinem Vater«. Er sagte: »Siehe, ich komme — in der Buchrolle steht von mir geschrieben, um deinen Willen, o Gott, zu tun!« (Hebräer 10,7). Sogar im Angesicht des Kreuzes sagte er: »Doch nicht wie ich will, sondern wie du willst!« (Matthäus 26,39). Als Paulus berufen wurde, sagte man ihm, dass der Gott seiner Väter ihn auserwählt habe, Seinen Willen zu erkennen (siehe Apostelgeschichte 22,14). Das Altarfeuer für eine neue Erweckung beginnt daher damit, Gottes Willen für unser persönliches Leben zu entdecken und diesen Willen gehorsam zu erfüllen.

In deinem Obergemach

Die Schrift zeigt uns ein Bild, das uns hilft, diesen Ort der Anbetung in unserem Herzen, an dem wir besonders Gottes Willen hören und verstehen, zu entdecken. Es ist das »Obergemach« – ein Ort der Meditation, des Gebets, der Anbetung und der Suche nach dem Herrn. Wenn wir Gottes Feuer niederkommen sehen wollen, brauchen wir diesen Raum, in welchem wir einen Blick in die Pläne und Ziele Gottes werfen dürfen.

Obergemächer waren laut der Schrift kühle, bequeme Sommerräume, in denen man Besuch empfing und Feste feierte. Könige benutzen obere Zimmer oder obere Kammern, um ihren üppigen Reichtum und ihre Pracht zu zeigen (siehe Richter 3,23; 2 Könige 23,12).

Es gab im Tempel einen oberen Raum (siehe 1 Chronik 28,11; 2 Chronik 3,9). Er diente als Symbol für den Ursprung des göttlichen Segens:

> *»Du tränkst die Berge aus deinen Obergemächern; von der Frucht deiner Werke wird die Erde satt. Du lässt Gras wachsen für das Vieh und Pflanzen, dass sie dem Menschen dienen, damit er Nahrung hervorbringe aus der Erde« (Psalm 104,13-14)*

Das Obergemach war ein besonderer Ort, um Gemeinschaft mit Gott zu haben, Seine Stimme zu hören und Seine Macht zu erleben. Daher brachte Elia den Körper des Sohnes der Witwe in das obere Zimmer. Er hörte den Herrn in diesem Raum. Er wusste, dass der Herr sein Weinen vernehmen würde, und tatsächlich: »der HERR erhörte die Stimme des Elia. Und die Seele des Kindes kam wieder in dasselbe, und es wurde lebendig.« (1. Könige 17,22). Wahrscheinlich vernahm Elia auch in diesem oberen Zimmer die Stimme des Herrn, die ihm befahl sich König Ahab auszuliefern. Hier erkannte er Gottes Zeitpunkt und den neuen Zeitabschnitt. Obergemächer wurden von den Propheten für Anbetung, Gebet, Fürbitte und dem Hören auf die Stimme Gottes benutzt. Sie erhielten dort Anweisungen und Nachrichten für die Menschen, denen sie dienten.

Vielleicht ist dein Obergemach ein reales Zimmer in deinem Haus oder deiner Arbeitsstätte, ein Ort der stillen Erholung nahe an Gottes Herzens. Vielleicht ist das obere Zimmer aber kein

Raum aus Holz und Steinen, sondern ein besonderer Ort im Herzen. Ein Ort, an den du gehst, wenn du die Stimme Gottes hören und von Ihm berührt werden möchtest.

Das bekannteste Obergemach ist natürlich der Ort, an dem der Herr Jesus das letzte Abendmahl feierte.

> *»Und er sendet zwei seiner Jünger und spricht zu ihnen: Geht in die Stadt; da wird euch ein Mensch begegnen, der einen Wasserkrug trägt; dem folgt, und wo er hineingeht, da sagt zu dem Hausherrn: Der Meister lässt fragen: Wo ist das Gastzimmer, in dem ich mit meinen Jüngern das Passah essen kann? Und er wird euch einen großen Obersaal zeigen, der mit Polstern belegt und hergerichtet ist; dort bereitet es für uns zu. Und seine Jünger gingen hin und kamen in die Stadt und fanden es, wie er ihnen gesagt hatte; und sie bereiteten das Passah.« (Markus 14,13-16; siehe Lukas 22,12)*

Das obere Zimmer war ein Ort, an dem Jesus Seine Jünger zum letzten Mal lehren konnte. Außerdem war für Christus der obere Saal ein Ort, an dem Er sich dem Willen Seines Vaters unterordnete. In diesem Raum zeigte Jesus Seinen Jüngern was ein wahrer Diener ist, indem Er ihre Füße wusch. Dabei bewertete Er nicht ihren geistlichen Zustand. Im Verlauf der Nacht wird Petrus Ihn sogar dreimal verleugnen. Judas hatte Jesus bereits an den Hohen Rat verkauft und wartete nur noch auf die richtige Zeit, um Ihn mit einem heuchlerischen Kuss zu verraten. Trotzdem wusch Jesus ihnen die Füße. Eine Erfahrung mit Gott durch Anbetung im Obergemach kann dazu führen, sich Ihm unterzuordnen und Stolz, sowie das eigene Ich zu begraben. Die Folge ist ein dienendes Herz – etwas, das in unserer Generation dringend benötigt wird.

Nach Jesu Auferstehung und Himmelfahrt war dieser obere Raum wahrscheinlich auch das Zimmer, in dem die Jünger auf den Herrn warteten, um die Verheißung des Heiligen Geistes zu empfangen: »Und als sie hineinkamen, gingen sie hinauf in das Obergemach, wo sie sich aufzuhalten pflegten ... Diese alle blieben beständig und einmütig im Gebet und Flehen ... und als der Tag der Pfingsten sich erfüllte, waren sie alle einmütig beisammen.« (Apostelgeschichte 1,13-14; 2,1). Der Heilige Geist verwandelte die verängstigten Jünger in mutige Zeugen, die bevollmächtigt wurden das Evangelium zu allen Völkern zu bringen.

Die Jünger brauchten einen Ort der Gemeinschaft, des Gebets, des Wartens, um dann die Kraft zu empfangen, Gottes Arbeit zu tun. Für sie, wie auch für uns heute, wäre diese Aufgabe ohne ein Obergemach, in dem sie Gottes Stimme hörten und auf Sein herabfallendes Feuer warteten, kaum machbar gewesen.

Mit Kraft hingehen

Als die Jünger vom Heiligen Geist erfüllt hingingen, dienten sie Gott mit reinem Herzen. Ebenso dienen wir dem Herrn – wenn wir die richtigen Motive haben – nicht durch unsere eigene Kraft, sondern durch die Kraft des Heiligen Geistes.

Wie die Apostel im Neuen Testament, so waren auch die Priester im Alten Testament dazu berufen, Gott zu dienen und die gläubigen Menschen zu lehren, ein heiliges Leben zu führen. König Hiskia appellierte während der Tempelreinigung an die Priester: »Nun, meine Söhne, seid nicht nachlässig; denn euch hat der HERR erwählt, damit ihr vor ihm steht und ihm dient und damit ihr seine Knechte seid und ihm Räucherwerk darbringt!« (2. Chronik 29,11).

Dies gibt uns einen wichtigen Hinweis, um am Altar der Anbetung zu leben. Das Schaubild von Kapitel 7 zeigt uns die reale Anlage der Stiftshütte mit dem Bronzealtar am Eingang, auf den die Priester das Opfer legten und auf den das Feuer fiel, als auch den goldenen Räucheraltar im Heiligtum, auf dem die Priester wohlriechenden Weihrauch auf Kohlen vom Bronzealtar verbrannten. Was hat nun die priesterliche Ordnung in einem antiken Gotteshaus mit unserem heutigen Leben zu tun? Paulus gibt uns darauf eine Antwort: »Oder wisst ihr nicht, dass euer Leib ein Tempel des in euch wohnenden Heiligen Geistes ist, den ihr von Gott empfangen habt, und dass ihr nicht euch selbst gehört? Denn ihr seid teuer erkauft; darum verherrlicht Gott in eurem Leib und in eurem Geist, die Gott gehören!« (1. Korinther 6,19-20).

Als Mose die Stiftshütte baute, errichtete er alles, und nicht nur den Altar. Bei Salomo und dem Tempel war es genauso. Sowohl unter Hiskia (siehe 2. Chronik 29) als auch unter Josia (siehe 2. Könige 22) erneuerten und reinigten die Priester nicht nur den Altar, sondern den ganzen Tempel Gottes.

Um ein Leben im Dienste des Herrn zu führen und um mit reinem Herzen zu dem Altar Gottes zu kommen, müssen wir jeden Bereich unseres Lebens Ihm widmen und nicht nur den Bereich, den wir dann »Anbetung« nennen. Alles an uns soll Gott Ehre und Ruhm bringen, weil das für uns am Kreuz vergossene Blut Christi uns erkauft hat.

Seit dem ersten Pfingstfest wurden Gläubige zum Tempel Gottes, also zu dem Ort, auf den das Feuer Gottes fallen will. Als Tempel und Wohnort Gottes sollten wir Ihn mit allem, was wir tun, mit unbeflecktem Herzen und reinem Gewissen und aufrichtigem Glauben verherrlichen.

Das bedeutet, dass wir gehorsam mit alltäglichen Problemen, den Prüfungen und Frustrationen des Alltags umgehen. So halten wir die Ordnung aufrecht. Nur wenn alles, gemäß der göttlichen Ordnung, an seinem Ort ist, kann Gott unser Opfer des Lobes mit

Seinem Feuer entzünden. Er schaut in unsere Herzen und sieht die Motive für unser Gabe. Wenn alles in göttlicher Ordnung ist, nimmt Gott schließlich unsere Anbetung an.

Die natürliche Auswirkung dessen, wenn alles in göttlicher Ordnung ist, besteht darin, dass wir Sein Reich kommen sehen und Sein Wille erfüllt wird. Wir wollen die Dinge auf der Erde so erleben, wie sie im Himmel sind. Unser Gebet Dein Reich komme ist ein Gebet, um die Herrschaft von Jesus Christus aufzurichten. Es setzt Seine Autorität als Schöpfer, Vater, Erlöser, Herrscher und König der Könige voraus; so sehen wir alles in Bezug auf die Macht des Königreichs. Dein Reich komme spiegelt die Eigenschaften und die Macht von Gottes Reich wider; in anderen Worten des Evangeliums. Das Reich Gottes ist ein Königreich der Vergebung und Erlösung. Es ist ein Königreich, wo Er alles neu macht.

Das sind auf jeden Fall gute Nachrichten! Im nächsten Kapitel werden wir die Werte des Reiches Gottes erforschen, zu deren Weitergabe wir aufgerufen sind.

Fragen zum Nachdenken

1. Beschreibe wahre Anbetung mit deinen eigenen Worten in ein oder zwei Sätzen.
2. Was sind die Anzeichen, an denen du erkennst, dass dein Leben in Ordnung ist?
3. Warum denkst du war die Ordnung in der Stiftshütte und im Tempel so entscheidend für die richtige Anbetung Gottes?

KAPITEL 11

Das Reich Gottes verstehen

Damit Gott handelt, können unser Gebet und die Anbetung am Altar nicht von der Arbeit am Reich Gottes getrennt werden. Das höchste Ziel und der Plan Gottes ist die Rettung von Menschen. Jesus sagte: »Weil Mir alle Macht auf der Erde gegeben wurde, darum geht.« Die Autorität von Gottes Königreich baut das Reich Gottes auf.

Wenn wir für das Kommen von Seinem Reich beten, schließt dies ein, dass wir auch die Werte des Königreiches willkommen heißen. Diese Werte unterscheiden sich von denen menschlicher Reiche. In einem menschlichen Herrschaftsgebiet ist die Aufmerksamkeit nämlich zwangsläufig auf menschliche Dinge gerichtet.

Es ist immer wieder eine Herausforderung für Gläubige zwischen dem Bau von persönlichen Reichen und dem Bau des Königreichs Gottes zu unterscheiden. In unserem geistlichen Dienst können wir so mit Aktivitäten oder dem Bau unseres persönlichen Reiches beschäftigt sein, dass wir den König vergessen. Wenn wir uns nur noch mit unserem Gebiet beschäftigen, werden wir zu kleinen Königen und womöglich sogar zu kleinen Tyrannen. Wir müssen gewissenhaft dieser Versuchung widerstehen, denn ansonsten beschäftigen wir uns mehr um Zuständigkeiten als um das Königreich selbst. Es wird dann um Fragen gehen, wie groß *mein* Revier und *mein* Herrschaftsgebiet eigentlich ist.

Doch Jesus lehrte: »Wenn du Meinen Namen verherrlichst, dann richte dich auch nach Meinem Königreich. Sage: *Dein* Reich komme!«

Wenn wir mit dem Reich Gottes verbunden sind, können wir von Herzen sagen: »Dein Reich komme.« Wenn wir uns der Autorität des Königs unterstellt haben, akzeptieren wir auch Seine ganze Autorität. Indem wir sagen *Dein Reich komme,* legen wir unsere Ansprüche oder unsere Ziele für unser eigenes Königreich zu Füßen des Kreuzes und lassen sie dort liegen.

Wenn wir Dein Reich komme beten, werden das Erscheinungsbild und die Merkmale vom Herrschaftsgebiet Gottes geboren. Bis Jesus wiederkommt, wird alles, was Gott in dieser Welt tun will, durch das Königreich geschehen. Johannes der Täufer begann seinen Predigtdienst, indem er verkündigte: »Das Reich Gottes ist hier. Das Reich Gottes ist gekommen.« Später sprach Jesus davon, dass das Reich nahe sei. Heute wird alles, was Gott tut, im Kontext Seines Herrschaftsgebietes vollbracht.

Da dies der Fall ist, führt unsere Anbetung am Altar zu einem Leben, das Gott in Seinem Reich dient. Was sind die Haupteigenschaften von diesem Königtum? Was sind die Themen der Königsherrschaft? Welches sind die Schlüsselelemente, die wir im Auge behalten sollten wenn wir beten »Dein Reich komme«? Wie leben wir für das Königreich?

Ein Kennzeichen des Reiches ist Leben

Das Wesen des Königreiches ist Leben. In Johannes 3 kommt Nikodemus, ein Lehrer der Juden, nachts zu Jesus und sagt: »niemand kann diese Zeichen tun, die du tust, es sei denn, dass Gott mit ihm ist. « (Johannes 3,2).

Doch Jesus sagte zu Nikodemus, dass er das Thema verfehle: Es geht nicht darum, Wunder zu bewundern. Es geht darum, dass ohne eine Wiedergeburt keiner das Königreich Gottes sehen kann. Das Königreich Gottes ist Leben.

Der Missionsbefehl ist sehr wichtig, wenn wir verstehen wollen, dass das Reich Gottes ein Königreich des Lebens ist. Ob wir beten, fasten oder anbeten, wir müssen zum Ziel des Königreiches, dem Leben, zurückkommen. Jesus sagte: »Ich komme, damit ihr Leben habt und das im Überfluss.« Es gibt diejenigen, die den Herrn nicht kennen, und diejenigen, die ihn kennen, aber gelehrt werden müssen, – beides ist für das Königreich Gottes wichtig. Darum haben wir den Auftrag, zu gehen und Menschen zu Jünger zu machen.

Ein Kennzeichen des Reiches ist Herrschaft

Die Herrschaft von Jesus Christus ist die Grundlage des Reiches Gottes. Zur Zeit der Geburt Jesu fragten die Weisen, wo der König der Juden sei? Sie wussten vom Reich Gottes – sie hatten sogar darauf gewartet – und sie suchten nach dessen König. Sie fragten nach Ihm, weil sie sich Seiner Herrschaft unterstellen wollten. Wie wir schon erwähnten, spricht auch Paulus darüber in Philipper 2,8-11. Er erklärt, dass Jesus sich selbst erniedrigte. Dadurch verherrlichte Ihn der Vater und gab Ihm den Namen, der über allen Namen steht. Dies deutet auf die Autorität von Jesus Christus hin. Gott der Vater verherrlichte Ihn, damit Er König und Herr sei.

In Offenbarung 17,14 steht, dass Jesus der »Herr der Herren und König der Könige« ist. Jesus Christus ist nicht ein König oder ein Herr, sondern vielmehr *der* Herr der Herren und der König der Könige. Er ist die höchste Macht und der höchste Herrscher. Mit der Aussage *Dein Reich komme* akzeptieren wir Seine Herrschaft. Wir beugen uns vor ihr und unterwerfen uns Seiner Macht.

Die Herausforderung für diejenigen von uns, die Jesu Herrschaft annehmen und das Königreich Gottes betreten, besteht darin, durch unser Leben und unseren Wandeln zu zeigen, dass wir uns von Herzen nach dem kommenden Reich sehnen. Dazu muss unsere erste Frage lauten, ob Jesus der Herr über meine Arbeit ist? Ist Er der Herr über meine Aktivitäten? Ist Er der Herr über meine Pläne und Träume? Ist Er der Herr über mein Unternehmen? Ist Er der Herr über meine Gemeinde? Ist Er der Herr über meine Wünsche, mein Eigentum, meinen Besitz, meine Talente, meine Titel, meine Vergangenheit, Gegenwart und Zukunft? Ist Er der Herr über alles? Mit der Aussage Dein Reich komme wollen wir, dass Jesus der Herr über alles ist!

Wenn Sein Reich aufgerichtet ist, muss die erste Erkenntnis sein, dass Er der Herr über alles ist. Darum ist es so herausfordernd nach dem Gebet, dass Sein Reich kommen soll, auch wirklich im Reich zu wandeln. Ja, wenn wir Seine Herrschaft nicht akzeptieren und Ihn nicht als Herrn anerkennen, zählen auch wir zu denjenigen, die in Wirklichkeit gegen das Königreich arbeiten. Und das ist eine aussichtslose Position, weil Seine Herrschaft kommen wird.

Ein Kennzeichen des Reiches ist Vergebung

Ein maßgeblicher Bestandteil des Dienstes unseres Herrn war die Vergebung. So wird Umkehr gepredigt, weil dies zur Vergebung führt. Die alttestamentlichen Propheten, die den Messias voraussagten, freute sich auf das kommende Reich Gottes und forderte die Israeliten zur Buße auf. Der Kern von Jesu Botschaft war Umkehr und Vergebung. Johannes der Täufer predigte sie also, weil er dem Herrn den Weg vorbereitete: »Tut Buße und kehrt um, denn das Königreich ist nahe.«

Wenn der König kommt, gibt es Leben, Vollmacht und Vergebung der Sünden. Gott ist im großen Maße an Vergebung von Sünden interessiert. Jesus macht das während Seiner frühen Lehrtätigkeit deutlich, als eine zu verurteilende Frau zu Ihm gebracht wird. Er sagte, dass Er ihr vergebe und sie nicht verurteilen werde (siehe Johannes 8,11). Er wurde nicht von Zorn oder Gedanken an Gericht geleitet, sondern von Mitgefühl. Vergebung war so das natürliche Ergebnis. Als Er später zum Kreuz ging, flehte Jesus den Vater an, Seinen Mördern zu vergeben: »Vater, vergib Ihnen, denn sie wissen nicht, was sie tun.« Das rief Er, sogar noch als er abgelehnt, gefoltert und schließlich getötet wurde.

Wenn wir Jesus fragen, warum Er dies tat, würde Er ganz einfach antworten: »Mein Königreich ist das Reich der Vergebung. Dafür gab ich Mein Leben. Dafür vergoss ich Mein Blut.« Dieses Gebet von Jesus am Kreuz verkörperte Sein ganzes Leben.

Warum? Weil das Königreich Gottes das Reich der Vergebung ist. Jesus praktizierte dies Sein ganzes irdisches Leben hindurch. In Römer 5,8 steht, dass Jesus für uns starb, als wir noch Sünder waren. Sogar heute steht Er an der rechten Seite des Vaters und vermittelt für uns. Wenn wir sagen Dein Reich komme müssen wir daher verstehen, dass das Reich Gottes nicht ohne Vergebung errichtet werden kann. Wenn wir nachtragend sind, verhindert dies häufig, dass das Altarfeuer am Brennen bleibt. Wenn wir »Herr, Herr« ohne wahre und ernsthafte Vergebung sagen, bringt dies nichts. Das Reich Jesu vergibt und ist von Vergebung geprägt.

Ein Kennzeichen des Reiches ist Jesu Wille

Das Königreich kann nicht vom Willen des Herrn getrennt werden. Dein Reich komme und Dein Wille geschehe werden im Vater Unser nicht ohne Grund direkt nacheinander gesprochen. Dein Wille geschehe wird ausführlicher im nächsten Kapitel behandelt.

Ein Kennzeichen des Reiches ist Kraft

Das Reich Gottes umfasst die Kraft zu retten, zu erlösen, zu verändern, zu verwandeln und zu befreien. Es ist ein Königreich der Kraft und nicht der Diskussion. Paulus bezieht sich darauf in 1. Korinther 4,20: »Denn das Reich Gottes [besteht] nicht in Worten, sondern in Kraft!« Gott hat immer gewollt, dass Sein Volk dies weiß. Schon im Alten Testament sprach der Prophet Jesaja diese Nachricht frei heraus: »Hört, ihr Fernen, was ich tue, und ihr Nahen, erkennt meine Stärke!« (Jesaja 33,13). Gott zeigte den Israeliten Sein Wesen. Er lud diejenigen ein, die Ihn nicht kannten, sich mit Seiner Kraft zu befassen, was sie zur Guten Nachricht der Erlösung führen würde.

Das Reich Gottes ist ein Königreich der Kraft. Und diese Kraft ist auch für Seine Kinder zugänglich. Die Menschen des Königreiches sind aufgrund dieser Kraft Überwinder. Sie steht bereit, um zu vergeben, zu lieben, zu erlösen, die Gute Nachricht zu bringen und Herausforderungen durchzuhalten. Paulus verweist auf unseren Sieg mit dem wunderbaren Satz *Wir triumphieren über all dies.* Nachdem Jesus das Kommen des Heiligen Geistes versprochen hatte, sollten Seine Jünger in Jerusalem bleiben bis sie den Heiligen Geist empfangen hatten. Erst als der Heilige Geist auf sie kam, erhielten sie Kraft.

Denk daran, dass das Reich Gottes auf einer bestimmten Art von Kraft basiert – der Kraft der Auferstehung. Nach der Auferstehung gab Gott der Vater Jesus den Namen »der Herr«. Ein Name, der über allen Namen steht und alle Macht und Gewalt sowohl im Himmel als auch auf Erden innehat.

Durch Seine Auferstehung errichtete Jesus die Macht des Königreiches und seine Stärke ermöglicht es uns, den Tempel unseres Leibes in Ordnung zu halten, den Altar wiederaufzubauen sowie das Feuer Gottes zu erhalten. Er überwand die Macht des Todes, der Sünde und aller Hindernisse, die uns davon abhalten, eine Beziehung mit dem Vater zu führen. Daher ist es unmöglich, das Reich Gottes von der Wunder wirkenden Kraft Gottes zu trennen. Paulus berichtet darüber in seinem Brief an die Römer:

> *»Ich habe also Grund zum Rühmen in Christus Jesus, vor Gott. Denn ich würde nicht wagen, von irgendetwas zu reden, das nicht Christus durch mich gewirkt hat, um die Heiden zum Gehorsam zu bringen durch Wort und Werk, in der Kraft von Zeichen und Wundern, in der Kraft des Geistes Gottes, sodass ich von Jerusalem an und ringsumher bis nach Illyrien das Evangelium von Christus völlig verkündigt habe.« (Römer 15,17-19)*

Paulus sprach über die Wirklichkeit des Königreiches. Er predigte das Evangelium des Reiches. Deshalb wurde dessen Kraft in seinem Tun offenbar. Nach Markus 16,20 heißt es sogar über die ersten Predigten der Jünger: »Sie aber gingen hinaus und verkündigten überall; und der Herr wirkte mit ihnen und bekräftigte das Wort durch die begleitenden Zeichen.« Das ist die Kraft des Königreiches! Als sie predigten, bestätigte Jesus Sein Wort vom Evangelium des Reiches, durch Zeichen und Wunder.

In Apostelgeschichte 4 wurde den Jüngern verboten, die Gute Nachricht zu verkünden. Ihre Antwort war ein Gebet, das in die Vergangenheit zurückblickte und Gottes Allmacht betonte.

> *»Und als sie es hörten, erhoben sie einmütig ihre Stimme zu Gott und sprachen: Herr, du bist der Gott, der den Himmel und die Erde und das Meer gemacht hat und alles, was darinnen ist. Du hast durch den Mund deines Knechtes David gesagt: »Warum toben die Heiden und ersinnen die Völker Nichtiges? Die Könige der Erde lehnen sich auf,*

und die Fürsten versammeln sich miteinander gegen den Herrn und gegen seinen Gesalbten.«« (Apostelgeschichte 4,24-26)

Dann baten sie Gott, Seine Kraft und die Seines Königreiches erneut zu zeigen, damit sie weiterhin das Evangelium verbreiten konnten.

»Und jetzt, Herr, sieh ihre Drohungen an und verleihe deinen Knechten, dein Wort mit aller Freimütigkeit zu reden, indem du deine Hand ausstreckst zur Heilung, und dass Zeichen und Wunder geschehen durch den Namen deines heiligen Knechtes Jesus!« (Apostelgeschichte 4,29-30)

Die Jünger wussten, dass das Königreich Gottes durch die Kraft des Heiligen Geistes errichtet wird, und baten um dieselbe, weil sie Anspruch darauf hatten. Diese Kraft ist auch für dich und mich heute verfügbar.

Ein Kennzeichen des Reiches ist Liebe

»Denn so [sehr] hat Gott die Welt geliebt, dass er seinen eingeborenen Sohn gab, damit jeder, der an ihn glaubt, nicht verlorengeht, sondern ewiges Leben hat.« (Johannes 3,16). Gottes Sohn kam aufgrund von Liebe zu uns, und das Königreich wurde dann auf dieser Liebe errichtet. Alles, was Gott tut, ist auf Seiner Liebe gegründet. Glaube, Hoffnung und Liebe halten ewig, doch die Größte davon ist die Liebe. Sie ist der beste Weg. Nachdem Paulus den Korinthern von der Gabe des Heiligen Geistes erzählt hatte, sagte er: »Strebt aber eifrig nach den vorzüglicheren Gnadengaben, und ich will euch einen noch weit vortrefflicheren Weg zeigen« (1. Korinther 12,31). Dieser einzigartige Weg ist der Weg der Liebe.

1. Korinther 13 zeigt den Maßstab des Königreiches in Bezug auf Liebe. Paulus sagt: »Wenn ich all dies hätte, und hätte die Liebe nicht, bin ich nichts.« Wenn wir behaupten Menschen des Königreichs zu sein, aber nicht lieben, zeigen wir damit, dass die Wahrheit nicht in uns ist. Wenn wir beten, singen und in allen Bereichen dienen, aber keine Liebe haben, sind wir nicht in Seiner Königsherrschaft, da das Reich Jesu von Liebe gekennzeichnet ist. Liebe ist der Grund, warum Jesus uns angewiesen hat, zu beten »Dein Reich komme«.

Christus tritt mit uns durch die Liebe in Beziehung, beruft uns durch die Liebe und vergibt uns ihretwegen. Der gesamte Brief, den wir als 1. Johannes kennen, lehrt das ausdrücklich: »Geliebte, lasst uns einander lieben! Denn die Liebe ist aus Gott ... Niemand hat Gott jemals gesehen; wenn wir einander lieben, so bleibt Gott in uns, und seine Liebe ist in uns vollkommen geworden.« (1. Johannes 4,7.12).

Ein Kennzeichen des Reiches ist Einheit

Das Reich Gottes ist ein Reich der Einheit. Sie existiert im Königreich, weil es nur einen wahren König gibt. Alle anderen sind Seine Diener, die mit Ihm gehen, Seinen Willen tun und Seine Ziele durchführen.

Jesus betet für die Einheit unter den Gläubigen; für das Eins-sein (siehe Johannes 17,21). Lass sie eins sein, sagte Er, weil sie im Königreich und unter der Autorität des Königs leben. Paulus erwähnt das wenn er die Gläubigen dringend darum bittet, in der Einheit des Geistes zu bleiben. Wenn jemand in das Königreich kommt, wird er ein Teil dieser Einheit. Wir sind nicht dazu aufgerufen sie selbst zu schaffen, sondern die Einheit, die für uns mit dem Preis von Jesu Tod und Auferstehung erworben wurde, zu erhalten (siehe Epheser 2).

Ein Kennzeichen des Reiches ist Licht

Das Wort wurde Fleisch und wohnte unter uns; das Licht der Welt überwältigte die Dunkelheit. Jesus gründete Sein Königreich und nun haben diejenigen, die in der Dunkelheit und im Schatten des Todes waren, durch dieses Licht Hoffnung. Nun können wir wegen dem Leben, Hoffnung, Freude und Sieg sehen. Und dieses Licht ist Christus in uns.

Jesus sagte, dass die Menschen des Königreiches nicht einfach nur im Licht leben, sondern vielmehr das Licht der Welt sind. Er gab Seinen Kindern die Macht, als dieses Licht zu handeln und zu scheinen. Im ganzen Neuen Testament werden wir ermutigt, unser Licht leuchten zu lassen.

Eine Folge des Königreiches ist daher auch, dass unser Wandel mit dem Herrn rein und klar ersichtlich sein wird, indem wir nichts unter den Scheffel stellen, sondern unser Leben für alle unübersehbar machen. Wir sind eingeladen im Licht zu wandeln, besonders was unser Gebetsleben betrifft. Eine wahre Anbetung auf dem Altar kann nämlich nicht stattfinden, solange wir nicht auch im Licht wandeln.

Ein Kennzeichen des Reiches ist Frieden

Jesu Frieden ist unbegrenzter Schalom. Er ist der Friedefürst und weil das Königreich Christus gehört, ist Er der König des Friedens. Wenn Er über unsere Leben und unsere Herzen regiert, fließt der Friede Jesu wie ein Strom. Wir sonnen uns im Frieden des Herrn. Das größte Versprechen, dass Jesus Seinen Jüngern gab, war das des Heiligen Geistes. Das Versprechen, dass der Tröster kommen wird. Er gibt Frieden, aber nicht so wie die Welt ihn gibt.

Wenn wir sagen *Dein Reich komme* haben wir die Verantwortung Seinen Frieden zu demonstrieren – bei Gott, anderen und uns selbst. Wenn wir im Königreich leben und Frieden ausüben, werden wir als Friedenstifter bekannt sein. »Glückselig sind die Friedfertigen, denn sie werden Söhne Gottes heißen!« (Matthäus 5,9).

Ein Kennzeichen des Reiches ist Segen

Jesus sagte: »Trachtet vielmehr zuerst nach dem Reich Gottes und nach seiner Gerechtigkeit, so wird euch dies alles hinzugefügt werden!« (Matthäus 6,33). Das Reich Gottes ist ein Reich des Segens. Wir sehen dies eindeutig in der Schöpfung. Nachdem Mann und Frau geschaffen wurden, brachte Gott sie zusammen und segnete sie. Der erste Ausspruch, der zwischen Ihm und den geschaffenen Menschen stattfand, war ein Segen.

Der Segen Gottes zeigt sich nicht nur in materiellen Dingen, sondern auch in Freude, Frieden und Vergebung des Herrn. Er umfasst viele Bereiche. Alles kommt vom Herrn, ob körperlich, geistlich, emotional oder geistig. In Jesus Christus ist Vollkommenheit. Wenn wir am Altar anbeten, dürfen wir daher mutig sagen: »Herr, Dein Reich komme.«

Fragen zum Nachdenken

1. Was ist das Wichtigste, um in das Reich Gottes zu kommen? Kannst du beschreiben, wann du diesen Schritt getan hast?
2. Was ist das Ziel des Reiches Gottes?
3. Wie kannst du Segen im Reich Gottes bekommen?

KAPITEL 12

Entfache wieder das Gebetsfeuer

Das Feuer Gottes kommt durch das Gebet und kann auch nur durch Gebet am Brennen erhalten werden. Nachdem Jesus eines Tages vom Beten zurückkam, baten Ihn Seine Jünger: »Herr, lehre uns beten, wie auch Johannes seine Jünger lehrte!« (Lukas 11,1). Diese Bitte hatte wohl ihren Ursprung in den persönlichen Kämpfen der Jünger. Sie bekamen mit, dass Jesus regelmäßig betete. Entweder ging Er dazu schon früh morgens in die Einöde, betete die ganze Nacht hindurch oder Er zog sich auf einen Berg zurück. Sein Vorbild nährte ihre Sehnsucht.

Ihre Bitte war gut und Jesus nutzte sie. Sie sagten nicht: »Herr, lehre uns zu predigen.« Noch fragten sie, wie man Jünger macht oder Kirchen gründet. Sie wollten im Gebet unterrichtet werden. Sie sahen die direkte Kommunikation von Jesus mit Seinem Vater, und dass Er nichts tat, ohne vorher mit Ihm darüber zu reden. Die Jünger beobachteten Seine Beziehung mit dem Vater und dem Heiligen Geist durch Gebet und wollten das auch für sich haben.

Wahrscheinlich gab es noch einen anderen Grund, warum sie sich an Jesus mit der Bitte richteten, sie zu lehren, wie man betet. Sie sahen wie die Pharisäer und religiösen Führer es taten, um andere zu beeindrucken. Jesus jedoch brachte ihnen bei, nicht das zu tun, was die Pharisäer taten. »Und wenn du betest, sollst du nicht sein wie die Heuchler; denn sie stellen sich gern in den Synagogen und an den Straßenecken auf und beten, um von den Leuten bemerkt zu werden. Wahrlich, ich sage euch: Sie haben ihren Lohn schon empfangen.« (Matthäus 6,5). Die Pharisäer beteten und fasteten offensichtlich um öffentlich gesehen zu werden, nicht wegen irgendeiner Beziehung zu Gott.

Jesus Leben in sich veranschaulichte Seine Art zu beten. Seine Jünger sahen die Aufrichtigkeit, Seine Beständigkeit und Hingabe zum Gebet. Die Jünger erkannten auch, dass Jesu Gebetsleben echt war. Und genau danach suchten sie.

Da die Jünger sich oft mit ihrer Menschlichkeit abmühten, dachten sie vielleicht, dass Jesus sie eine Technik fürs Beten lehren würde. Höchstwahrscheinlich suchten sie nach einem Prozess, den sie durchlaufen konnten, um danach zufrieden zu sein. Das wäre wie die Suche nach dem Wie und nicht nach dem Warum. Doch sie brauchten dringend das Warum. Und die Antwort darauf lag beim Beten bei der bedeutungsvollen Beziehung, die Jesus zum Vater hatte.

Die Grundlage für ein erfolgreiches Gebet, das göttliches Feuer bringt, ist die Leidenschaft, nach Beziehung zu streben.

Die grundlegenden Aspekte des Gebets

Jesus lehrte Seine Jünger fünf grundlegende Aspekte des Gebets: 1) den Grund für das Gebet kennen; 2) beständig im Gebet bleiben; 3) unsere Aufgabe im Gebet wahrnehmen; 4) die Treue Gottes begreifen; 5) Gottes Kraft verstehen.

Den Grund für das Gebet kennen

Jesus stand nicht an einer Straßenecke, um zu beten. Er ging in die Einöde, um allein zu sein. Seine Jünger staunten wahrscheinlich darüber, weil sie so etwas nicht gewohnt waren. Warum ging Er nicht zu den öffentlichen Plätzen, damit Menschen Ihn sehen und bewundern konnten? Warum positionierte Er sich nicht so, dass die Leute sagen konnten: »Wow! Er ist intelligent und großartig!«

Nein, Jesus handelte anders. In vielerlei Hinsicht wurde solch ein Handeln vom Ihm zwar erwartet, aber Jesus war nicht an die Erwartungen von anderen gebunden. Warum betete Er also nicht wie andere?

Jesus gab die Antwort darauf in Matthäus 6,5: »Wahrlich, ich sage euch: Sie haben ihren Lohn schon empfangen.« Die Pharisäer wurden von der Menge für ihre »Frömmigkeit« gelobt und erhielten daher ihren Lohn in menschlicher Bewunderung. Das war kaum besser als das, was die Heiden taten, und Jesus sagte Seinen Jüngern, dass sie nicht wie die Heiden sein sollten:

> *»Du aber, wenn du betest, geh in dein Kämmerlein und schließe deine Türe zu und bete zu deinem Vater, der im*

Verborgenen ist; und dein Vater, der ins Verborgene sieht, wird es dir öffentlich vergelten. Und wenn ihr betet, sollt ihr nicht plappern wie die Heiden; denn sie meinen, sie werden erhört um ihrer vielen Worte willen.« (Matthäus 6,6-7)

Es ist wichtig, dass wir beim Beten zwischen Ritual und Beziehung unterschieden. Das Gebet ist eine bedeutungsvolle Beziehung und keine religiöse Form. Jesus benutzte also diese Gelegenheit nicht, um Seinen Jüngern zu sagen, wie sie beten sollten. Er wollte sie vielmehr darauf aufmerksam machen, *warum* sie beten sollten. Er sagte: »Wenn du betest, dann bete zum Vater.«

Wenn wir die Beziehung nicht verstehen, können wir nicht beten. Ohne die Beziehung führen wir lediglich eine religiöse Übung durch. Darum ging Jesus zum Beten in die Einöde anstatt in die Synagoge. Er hatte kein Interesse daran, für eine öffentlich dargestellte Frömmigkeit positiv bewertet zu werden.

Belohnt und bewundert zu werden, hat nämlich keine Bedeutung. Der entscheidende Faktor ist die Beziehung einer Person zum Vater. Wenn wir uns zum Beten an einen ruhigen Ort zurückziehen und die Tür schließen, hat das den Sinn, dass so alles, was uns ablenken kann, vermieden wird. Auch der Wunsch, andere beeindrucken zu wollen.

Beständig im Gebet bleiben

Der zweite grundlegende Aspekt beim Beten ist die Beständigkeit. Wenn der Grund für das Beten feststeht, ist es viel einfacher zu erklären, warum man betet.

Warum bete ich? Ich möchte mit Gott, dem Vater, dem Sohn und dem Heiligen Geist, auf einer persönlichen Ebene in Beziehung treten. Ich möchte mit meinem Schöpfer, Erlöser und Tröster in Beziehung sein. Ich möchte dies zur Priorität machen.

In einer Beziehung kann Beständigkeit nicht oft genug betont werden. Jesus betete in der Einöde oder auf einem Berg, weil Er eine Beziehung zum Vater hatte, die Er nicht vernachlässigen wollte. Er nahm sich Zeit, die Beziehung aufrechtzuerhalten und in sie zu investieren, weil Er sich dazu verpflichtet hatte. Paulus sah dies genauso: »Betet ohne Unterlass!« (1. Thessalonicher 5,17).

Unsere Aufgabe im Gebet wahrnehmen

Jesus erzählte den Jüngern ein Gleichnis. Darin ging es um einen Mann, der um Mitternacht zum Haus seines Freundes ging und um Brot bat. Der bedürftige Mann wurde zunächst von seinem verschlafenen Freund abgewiesen. Aber seine Hartnäckigkeit überzeugte schließlich den Freund, sein Bedürfnis zu erfüllen (siehe Lukas 11,5-8). Diese Geschichte zeigt, dass wir als Menschen im Gebet Verantwortung in zwei Bereichen haben:

- Zuerst müssen wir die Beziehung zu demjenigen anerkennen, zu dem wir im Gebet gehen. Der Mann, der Brot brauchte, ging sogar zur ungünstigsten Zeit um Mitternacht zu seinem Freund, weil sie eine gute Beziehung zueinander hatten.
- Zweitens müssen wir, sobald wir diese Beziehung als Grundlage des Gebets erkannt haben, beharrlich dabeibleiben. Beharrlichkeit stärkt die Beziehung und mündet in einem erhörten Gebet.

Beten ist aktiv. Deshalb haben wir die Verantwortung, Gott zu suchen. Es ist darüber hinaus unsere Verantwortung am Ball zu bleibe und nicht aufzugeben. Wenn wir unsere Verantwortung wahrnehmen, ermöglicht uns, das mit Hingabe, Fleiß und Entschlossenheit aktiv im Gebet zu bleiben.

Die Treue Gottes begreifen

Der vierte wichtige Aspekt beim Beten über den Jesus sprach, ist die Treue Gottes. Er fragte die Jünger:

> *»Welcher Vater unter euch wird seinem Sohn einen Stein geben, wenn er ihn um Brot bittet? Oder wenn [er ihn] um einen Fisch [bittet], gibt er ihm statt des Fisches eine Schlange? Oder auch wenn er um ein Ei bittet, wird er ihm einen Skorpion geben? Wenn nun ihr, die ihr böse seid, euren Kindern gute Gaben zu geben versteht, wie viel mehr wird der Vater im Himmel [den] Heiligen Geist denen geben, die ihn bitten!« (Lukas 11,11-13)*

Das Gebet ist nicht von unserer menschlichen Treue abhängig, sondern vielmehr von Gottes Treue zu uns. Er befähigt und begeistert uns treu durch den Heiligen Geist zum Gebet. Genauso treu hört und beantwortet Er auch unsere Gebete. Wir müssen die Treue Gottes verstehen, wenn wir beten. Er hat versprochen: »Rufe mich an, so will ich dir antworten und dir große und unbegreifliche Dinge verkünden, die du nicht weißt.« (Jeremia 33,3).

Gottes Kraft verstehen

Jesus half den Jüngern, die Kraft des Heiligen Geistes zu verstehen: »Wenn nun ihr, die ihr böse seid, euren Kindern gute Gaben zu geben versteht, wie viel mehr wird der Vater im Himmel [den] Heiligen Geist denen geben, die ihn bitten!« (Lukas 11,13). Jesus sagte Seinen Jüngern, dass die Kraft des Heiligen Geistes im Gebet vorhanden sein muss. Ohne die Gegenwart und die Kraft des Heiligen Geistes würden ihre Gebete ohne Auswirkung sein. Zusammengefasst sagte Jesus sinngemäß: »Euer Vater wird euch den Heiligen Geist geben. Lasst euch vom heiligen Geist helfen.«

Außerdem erklärt Paulus, warum die Kraft des Heiligen Geistes im Gebet so notwendig ist:

> *»Ebenso kommt aber auch der Geist unseren Schwachheiten zu Hilfe. Denn wir wissen nicht, was wir beten sollen, wie sich« gebührt; aber der Geist selbst tritt für uns ein mit unaussprechlichen Seufzern. Der aber die Herzen erforscht, weiß, was das Trachten des Geistes ist; denn er tritt so für die Heiligen ein, wie es Gott entspricht.« (Römer 8,26-27)*

Je mehr wir die Kraft des Heiligen Geistes verstehen, desto mehr werden wir von Ihm abhängig sein. Je mehr wir von Ihm abhängig werden, desto mehr beten wir und genießen es sogar zu beten. Das Gebet ist nicht länger ein Kampf des Fleisches, so wie zum Beispiel die Jünger in Gethsemane zu beten versuchten, dann jedoch einschliefen.

Wir verstehen jetzt warum Jesus sagte: »Der Geist ist willig, aber das Fleisch ist schwach.« (Matthäus 26,41; Markus 14,38). Wir müssen die Kraft des Heiligen Geistes im Gebet verstehen. Nur wenn wir den Sieg über das Fleisch durch die Kraft des Geistes erringen, können wir beten.

Gottes Wille in Aktion

Wir wollen dich etwas fragen: Wo können wir Gottes Wille in Aktion sehen?

Die Antwort: Auf der Erde.

Auf der Erde ist der Rahmen für unser Leben. Wenn wir zu Gott sagen: *»Dein Wille soll auf der Erde geschehen«*, erinnert uns das daran, dass der einzige Ort, an dem Gott unser Leben verändern kann, genau hier ist, wo wir leben. Wenn wir *auf der Erde* sagen, ist damit dieser leicht geneigte Planet gemeint. Genau hier geschieht Erlösung, Nachfolge und Veränderung von dem menschlichen Sein. Sogar noch mehr als das: es geht um die Heilung und Wiederherstellung der gesamten Menschheit. Daher beinhaltet das Gebet des Herrn diese bedeutenden Worte: *auf der Erde.*

Der Wille Gottes dient hier dem Wohl der Menschheit. Der Herr Jesus Christus, Schöpfer der Erde und allen Lebens, erklärte: »Wenn du betest, bete für den Willen Gottes in Bezug auf die Erde.« Doch wo beginnt dies? Es beginnt schlichtweg in meinem persönlichen Leben. Ich kann nicht die Worte *dein Wille geschehe auf der Erde* beten, ohne von ihnen beeinflusst zu werden.

Als jemand, der dieses Gebet betet, beginne ich, Alemu, gleich am Anfang des Vaterunsers mit den Worten Mein Vater. Ich berufe mich auf die bereits vorhandenen Vater-Kind-Beziehung zu Gott: »Mein Vater im Himmel.« Ich erkenne Seine Vaterschaft an. Ich würde mein Gebet nie zu jemandem sprechen, der zufällig da draußen ist. Vielmehr spreche ich zu meinem himmlischen Vater und bestätige, dass ich auf der Erde zu Ihm gehöre. Wenn ich um Gottes Willen auf der Erde bitte, frage ich Gottes Gedanken für mein Leben. »Herr, ich bin bereit Deinen Willen zu verstehen, mich ihm zu unterwerfen und ihn zu erfüllen. Herr, Gott, Dein Wille ist das Wichtigste in meinem Leben.«

Das Gebet *Dein Wille geschehe auf der Erde* beginnt auf der persönlichen Ebene. Was auch immer wir beten, wir können nicht für andere im Gebet einstehen, wenn wir nicht eine persönliche Beziehung zu Gott mit der Verpflichtung, der Verantwortung, sowie der Entschlossenheit, Gottes Willen auszuführen, besitzen. Es beginnt bei uns. Ansonsten ist es ein Gebet der Pharisäer; es ist bedeutungslos. Wir wiederholen nur Worte. Wenn ich sage *dein Wille geschehe auf der Erde* erkläre ich damit, dass ich damit anfangen muss, den Willen Gottes für mein Leben zu erkennen und anzunehmen.

Mein Gebet um Gottes Willen auf der Erde schließt dann ganz natürlich auch die Menschen ein, mit denen ich verbunden bin. Ich frage Gott nach Seinem Willen für meine Familie, meinen Dienst, meine Freundschaften, meine Hoffnung und Träume; alles, was mit mir zu tun hat. Dein Wille geschehe ist das gefährlichste Gebet, das du beten kannst. Wir dürfen es nicht leichtfertig beten. Wenn wir bitten, »Gott, dein Wille geschehe in meinem persönlichen Leben und in allem, was ich anpacke«, wird die Kraft Gottes wie ein entfesselter Fluss freigesetzt, dynamisch und lebensverändernd. Sie ist nicht zögerlich oder zaghaft; sie ist gewaltig. Nichts kann dann den Willen Gottes stoppen.

Wenn du betest, im Reich Gottes zu leben, sagst du damit: »Herr, ich möchte nicht nur in einem dynamischen Reich leben; ich möchte eine tatkräftige Person zu Deiner Herrlichkeit, ja eine lebensverändernde Person für Dein Königreich sein. Ich kann nicht nur halbherzig dabei sein.« Wenn du betest *Dein Wille geschehe auf der Erde,* sagst du: »Ich möchte ein Erbauer des Königreichs sein; eine mächtige Person für Deine Ziele.«

Sein Wille für die ganze Erde

In der Bibel steht, dass »die Erde mit der Herrlichkeit des Herrn erfüllt wird«. Das ist unsere Bitte, wenn wir beten, dass Sein Wille auf der Erde geschehe. Wenn wir darüber nachdenken, bitten wir eigentlich Gott, Seine Prophezeiungen zu erfüllen, wie sie uns in der Schrift offenbart und verheißen wurden. Jesus ist der mächtige Prophet Gottes, der nur Wahrheit redet – eine dynamische Wahrheit.

Jesus sagte voraus, dass das Evangelium des Reiches jedem Geschöpf auf der Erde gepredigt werden wird. Darum bitten wir, wenn wir beten, dass Sein Wille auf der Erde geschehe. Wir sagen: »Gott erfülle das, was du gesagt hast (Jesu prophetische Worte)«. Wir sagen Amen zu der Prophetie Christi: »So soll es sein. Es soll geschehen, was Du in Deinem Wort geschrieben hast. Es soll sich in uns auf der Erde und durch die ganze Menschheit hindurch zutragen und erfüllen.« Wir bitten darum, dass die Herrlichkeit des Herrn offenbar wird und alles Fleisch sie sieht.

Der Apostel Paulus mahnt, dass die ganze Schöpfung stöhnt und auf die Erfüllung des Königreiches wartet. Wenn wir beten, dass Sein Wille auf der Erde geschehe, sehnen wir uns einmütig mit der ganzen Schöpfung danach, dass alles, was zu Seiner Ehre geschaffen wurde, Ihn auch ehrt. Alles wurde durch Ihn und zu Ihm hin geschaffen. Mit *Sein Wille geschehe auf der Erde* sagen wir: »Zeig uns, wer du bist – Deine Weisheit, Kraft, Macht, Fürsorge, Liebe und deine Barmherzigkeit. Herr, so soll es sein. Die Welt soll erleuchtet werden!«

Wenn wir dies beten, bedeutet das eine Ausweitung unserer Anliegen über die unserer Familien, des persönlichen Dienstes oder der unserer Gemeinden hinaus. Wenn wir sagen Dein Wille geschehe auf der Erde entfernen wir den Zaun um uns herum. Wir sagen Gott, dass wir zwei Dinge anerkennen und uns diesen verpflichten:

- Seinem Willen
- Dem Umfang Seines Willens – etwas, das keine Grenzen kennt

Indem wir dieses gefährliche Gebet beten, wachsen wir über uns selbst hinaus, nämlich über unsere Umstände und Erfahrungen. Wir bitten Gott darum unser Gebiet auszudehnen und zu erweitern. Wenn wir wirklich in der Lage sind zu sagen *Dein Wille geschehe auf der Erde wie auch im Himmel* sind wir nicht mehr durch ethnische Zugehörigkeit, sozialen Status, Umstände oder sichtbare bzw. unsichtbare Dinge eingeschränkt. Wir sagen, dass wir bereit sind, über unsere Grenzen hinaus zu gehen. Wir sind bereit, unsere Komfortzonen zu verlassen. Wir beten weiterhin für unsere eigenen persönlichen Anliegen, aber wir schließen die gesamte Erde und alles, was Gott geschaffen hat, ins Gebet mit ein.

Dies ist das mächtigste Gebet der Bibel, um die Welt mit dem Evangelium zu erreichen. Darum gab uns der Herr diese Vorlage. Er malt uns ein Bild auf und erweitert unsere Vision. Jesus führte die Jünger Schritt für Schritt dahin,

- vor dem Beten eine Beziehung mit dem Vater einzugehen
- anzuerkennen, wer der Vater ist – Er ist oben im Himmel
- zu verstehen, dass Gott erhaben ist
- Gottes Namen anzuerkennen, zu verehren und anzubeten
- zu bitten, dass Sein himmlisches Reich komme

Wenn wir das zugestanden haben, können wir Gott nicht mehr auf unsere eigenen kleinen Bereiche beschränken. Wir bitten Ihn, Seine Herrlichkeit auf der Erde zu offenbaren. Was sehen wir, wenn wir die Erde betrachten? Sünde. Tod. Krankheit. Dunkelheit. Jemand, der wissen möchte, was auf der Erde gerade passiert, muss lediglich die Nachrichten ansehen. Trotzdem sagt Jesus: »Bittet nun, dass der Wille Gottes auf der Erde geschehe. Lass ihn in dir beginnen und sich dann auf den Rest der Welt ausbreiten.«

Die göttliche Vorlage

Nachdem wir Gott gebeten haben, dass Sein Wille auf der Erde geschehe, sollen wir gemäß Jesu als nächstes Gott bitten, dass er Seinen Willen auf der Erde »genauso wie im Himmel« ausführt. Wir bitten Gott, dass Sein Wille nach dem himmlischen Muster geschehe. Die göttliche Vorlage ist perfekt, da sie nicht sündhaft oder durch irdische menschliche Ansichten verfälscht ist.

Gott liefert stets den Plan, wenn er etwas Neues, Göttliches, Mächtiges oder Gewaltiges beginnen möchte. Schau dir die Beispiele an, die wir untersucht haben. Als Gott die Menschheit zu Noahs Zeit retten wollte, beauftragte Er Seinen Diener eine Arche zu bauen und stellte detaillierte Angaben bereit. Er wollte, dass Noah auf der Erde genau das tut, was im Himmel vorgezeichnet war. Noah folgte Gottes Anweisungen und die Arche wurde zur Zuflucht, zu einem Ort, an dem Leben gerettet wurde. Gottes Vorlage für die Erde war die Gleiche wie im Himmel. Es war schon vorbereitet.

Wir erinnern uns: Als der Herr den Israeliten beibringen wollte, wie sie Ihn anbeten sollten, rief Er Mose auf den Berg und gab ihm ein Muster für die Stiftshütte, eine himmlische Vorlage.

Gott sagte Mose sehr deutlich: »Tu es genauso, wie Ich es dir gezeigt habe. Verändere nichts. Versuch auch nicht alles davon zu verstehen. Tu es einfach genauso, wie Ich es dir auf dem Berg gezeigt habe.« Dass Mose tatsächlich genau das tat, was Gott befahl, wird in der Schrift immer wieder erwähnt. Als die Stiftshütte fertig war, füllte sie die Herrlichkeit des Herrn.

Wir erinnern uns auch daran, dass König David den Tempel für den Herrn bauen wollte. Doch der Herr sagte: »Nein, Sohn, du hast zu viel Blut vergossen und wirst Mir nicht einen Tempel bauen.« Dann versprach der Herr David, dass sein Sohn den Tempel bauen würde. David beriet den jungen Salomo mit dieser Weisheit: »Sohn, ich habe die genaue Vorlage vom Herrn bekommen. Genauso muss der Tempel des Herrn gebaut werden, damit Gottes Wille auf Erden geschehe. Die Herrlichkeit des Himmels wird sich auf der Erde in diesem Tempel offenbaren, daher musst du es genau nach der Vorlage, die der Herr mir gezeigt hat, machen.« Salomo tat dies und die Herrlichkeit des Herrn kam.

Der Herr hat eine göttliche Vorlage für alles Neue oder Wiederhergestellte. Auch für das Gebet auf unserem persönlichen Altar. Damit unser Gebet wirkungsvoll ist, muss es mit der himmlischen beziehungsweise göttlichen Vorlage übereinstimmen. Der Herr Jesus lehrte dies im Johannesevangelium: »Mein Vater zeigt Mir, was Ich sage und wie Ich es sagen.« Das bedeutet, dass es eine Vorlage dafür gibt, was zu tun ist und wie es zu tun ist – auch für das Gebet. Wir müssen Gott nicht nur bitten, dass wir erfolgreich Seinen Willen tun können, sondern auch, dass Er uns die Vorlage gibt, wie Sein Wille zu tun ist. Wie möchte Gott es haben? Jesus sagte mehrmals, dass Er nichts tun würde, was Er nicht bei Seinem Vater gesehen hätte. Er wies damit auf die göttliche Vorlage hin. Jesus achtete auf dieses himmlische Muster und folgte ihm. Wenn du betest, soll es in deinem Gebet nicht nur darum gehen, dass Gottes Wille auf der Erde geschehe, sondern auch, dass er wie im Himmel geschehe.

Die heute am meisten vernachlässigten Aspekte unserer Dienste betreffen Vorlagen und Methoden. Wir denken nicht daran, den Herrn um die Vorlage zu bitten. Normalerweise erbeten wir von Gott eine Vision für das, was Er tun will. Doch meisten fragen wir nicht danach, wie es getan werden soll. Indem Jesus betete, dass Gottes Wille auf Erden wie im Himmel geschehe, sagte Er, dass wir nach Gottes himmlischer Vorlage fragen und sie kennen sollten.

Die Vorlage für Kinder Gottes

Im Himmel ist alles perfekt. Das Muster ist perfekt und wird perfekt befolgt. Wenn wir bitten, dass »Dein Wille auf der Erde geschehe wie im Himmel«, bitten wir den Herrn um Vollkommenheit, also darum, dass Er Seinen Willen tut. Wir beten nicht einfach für Dienste oder Tätigkeiten, die Er uns aufgibt. Im Kern bitten wir Ihn, uns zu leiten und in die Heiligkeit zu führen. Darum sagt die Bibel auch, dass wir heilig sein sollen, wie unser Vater im Himmel heilig ist.

Wenn Gott Seine Kinder betrachtet, möchte Er gern die Vorlage dazu sehen. Woher wissen wir das? Es steht in Römer 8. Es ist Gottes Plan, dass jedes Kind Gottes in das Ebenbild Jesu Christi umgestaltet und verändert wird. Er selbst ist die himmlische Vorlage. Das Leben von Jesu hatte keinen irdischen Plan, sondern einen himmlischen. Das Wort wurde Fleisch und wohnte unter uns; Gott zeigte uns, wie diese Vorlage aussieht.

Einer von Jesu Jüngern kam eines Tages zu Ihm und sagte: »Jesus, zeig uns den Vater und das reicht uns.«

Doch der Herr Jesus entgegnete. »Habt ihr nicht den Vater gesehen? Ich bin schon lange bei euch. Habt ihr Ihn nicht gesehen?«

Er meinte damit, dass sie die Vorlage schon vor Augen hatten. Er war sie selbst, der perfekte Plan, wie ein Leben in Heiligkeit aussieht. Jesus zeigte ihnen den Vater durch Seine Worte, Sein Leben, die Art Seines Dienstes und auf die Weise wie Er Menschen berührte. Jesu Leben spiegelte den Vater wider und stellte Ihn vor.

Auch Paulus ermutigt uns unser Leben nach dem Vorbild Jesu zu führen:

> *»Wenn ihr nun mit Christus auferweckt worden seid, so sucht das, was droben ist, wo der Christus ist, sitzend zur Rechten Gottes. Trachtet nach dem, was droben ist, nicht nach dem, was auf Erden ist; denn ihr seid gestorben, und euer Leben ist verborgen mit dem Christus in Gott. Wenn der Christus, unser Leben, offenbar werden wird, dann werdet auch ihr mit ihm offenbar werden in Herrlichkeit.« (Kolosser 3,1-4)*

Paulus sagt den Gläubigen, dass sie das irdische Leben nach der himmlischen Vorlage gestalten sollen. Wir müssen es so leben, wie Gott es für uns vorgesehen hat. Auf diese Weise geben wir uns Gott völlig hin. Wir akzeptieren nicht den irdischen Standard, weil wir unser Leben und unseren Dienst auf das ausrichten, was wir in der Himmelswelt gesehen haben. Aber wie erkennen wir die Vorlage? Wir erkennen sie im Wort Gottes, dem Leben von Jesu Christi und der Eingebung und Offenbarung vom Heiligen Geist.

Drei kraftvolle Aussagen

Diese drei Aussagen, die wir soeben betrachtet haben, sind miteinander verbunden und bieten ein vollständiges Bild dessen, worum wir Gott am Altar der Anbetung und des Gebets bitten sollen:

- Dein Reich komme
- Dein Wille geschehe
- Wie im Himmel so auf Erden

Wenn wir dies tun, bestätigen wir Jesu Platz in der Himmelswelt und erkennen an, dass Sein Name heilig und erhaben ist. Dann sind wir bereit, das Ziel Seines Reiches zu verstehen, Seinen Willen zu entdecken und dafür zu beten, dass dieser Wille auf der Erde nach Seiner perfekten himmlischen Vorlage erfüllt wird.

Aber wie geht das? Mit welcher Vorlage? Bitte folge dem himmlischen Muster selbst dann, wenn du noch bei der Suche nach dem göttlichen Plan bist: Bitte! Suche! Klopfe an! Es wird dir geöffnet werden.

Fragen zum Nachdenken

1. Warum baten die Jünger Jesus, dass Er ihnen zeige, wie man betet? Wenn du einer der Jünger gewesen wärst, hättest du das Gleiche gefragt? Warum?
2. Wie entfachst du das Feuer in deinem Leben, deiner Familie, an deinem Arbeitsplatz oder Organisation, die dir wichtig ist?
3. Sieh dir deine Pläne an und finde heraus, ob sie ganz den Zielen des Reiches Gottes entsprechen.

KAPITEL 13

Die Anordnung, mutige Gebete zu sprechen

Als Jesus Seine Jünger zu beten lehrte, gab Er ihnen die eindeutige Anleitung, dass das Gebet mit einer Beziehung beginnt. Weil dann unsere Herzen leidenschaftlich unseren himmlischen Vater kennen lernen wollen, folgt daraus natürlicherweise der innige Wunsch, dass Sein Reich kommen möge, dass Sein Wille geschehe und dieser auf der Erde wie im auch Himmel geschehen soll.

Die Beziehung zu dem Lebendigen Gott ist so die Grundlage des Gebets und mündet in wahrer Anbetung auf dem Altar. Wahre Anbetung führt zu einem echten Verständnis von Gottes Zielen, was wiederum zum Gehorsam führt. Wenn wir diese Grundlage und die Kraft des Gebets erkennen, ist es ganz natürlich, dass wir Gott nach dem fragen, was wir brauchen. Unser Gott ist der Herr, der sich um die Bedürfnisse Seiner Kinder kümmert und sie mehr als genügend versorgt.

Indem Jesus Seinen Jüngern das Vater Unser gab, lehrte Er uns nicht nur, wo wir anfangen müssen, sondern auch, worum wir bitten sollten. Lasst uns kurz die grundlegenden Aussagen des Vater Unsers dazu anschauen.

Unser tägliches Brot gib uns heute

Jesus hat unser Bitten in einen ganz konkreten Rahmen gestellt: heute. Wir sollen lernen in den täglichen Bedürfnissen von Gott abhängig zu sein. Wenn wir unsere Bedürfnisse kennen und gemäß Seinem Wort damit zu Ihm gehen, ist Gott sehr gern bereit, sie zu stillen: »Wenn ihr in mir bleibt und meine Worte in euch bleiben, so werdet ihr bitten, was ihr wollt, und es wird euch zuteilwerden.« (Johannes 15,7).

Der Mensch lebt nicht vom Brot allein. Daher beinhaltet diese Aussage viel mehr als nur die buchstäbliche Nahrung und Kleidung, die wir brauchen. Wenn wir um das tägliche Brot bitten, erbeten wir damit die göttliche Versorgung, die es uns ermöglicht, Sein Ziel in unserem Leben zu erfüllen, und die uns hilft, das von Gott versprochene Leben im Überfluss (siehe Johannes 10,10) zu führen. Wir brauchen Gottes Versorgung in unseren persönlichen Aufgaben, in unseren Familien, Diensten, Gemeinden und Gemeinschaften; all dies beinhaltet der Satz »unser tägliches Brot gib uns heute«. Dabei spricht das Gebet die folgenden beiden zentralen Bereiche an:

GRUNDBEDÜRFNISSE

Nahrung, Kleidung und Unterkunft sind menschliche Grundbedürfnisse. Jesus lehrte darüber: »Denn nach allen diesen Dingen trachten die Heiden, aber euer himmlischer Vater weiß, dass ihr das alles benötigt.« (Matthäus 6,32). Wenn diese Grundbedürfnisse nicht gestillt sind, haben wir kein erfülltes Leben, so wie Jesus es versprach. Er schuf alles, was wir brauchen. Alle Ressourcen der Welt wurden für uns gemacht; im Gegensatz dazu wurden wir zur Ehre Gottes geschaffen. Weil wir als Seine Kinder eine Beziehung zum Vater haben, sind wir berechtigt, mutig zu Ihm zu kommen und Ihn zu bitten, unsere täglichen materiellen Bedürfnisse zu versorgen.

GEISTLICHE BEDÜRFNISSE

Auch unsere geistlichen Bedürfnisse beinhaltet das »tägliche Brot«. Gott erlaubt uns, dass wir Ihn um alle unsere geistlichen Bedürfnisse bitten dürfen. Dies fängt mit unserer Erlösung an. Wir kommen jeden Tag zu Ihm, weil Er uns vergibt und gnädig ist; eine Gnade, die jeden Morgen neu ist.

Seine Gnade steht uns zur Verfügung, wenn wir Ihn darum bitten. Durch Seine Gnade versorgt uns Gott in unserem Leben mit: Weisheit, Erkenntnis, Gaben und der Frucht des Heiligen Geistes, geistlicher Erneuerung und dem Sieg. Wie schön ist es doch morgens aufzustehen und zum allmächtigen Gott sagen zu können, Mein Vater, bitte gib mir heute...

- den Segen, den ich brauche, um für andere zum Segen zu werden
- Deine Gnade, um Deinen Willen zu tun und Deinen Namen zu verherrlichen
- Deine Salbung, um Dein Ziel zu erfüllen

- Deine Weisheit, Dein Verständnis und Deine Erkenntnis, um von ganzem Herzen für Dich zu leben
- die Gaben und die Kraft vom Heiligen Geist, um Dein Reich voranzubringen und um ein besserer Leiter, Ehepartner, Vater oder Mutter, Kind, Freund, Nachbar zu werden
- all die geistlichen Segnungen, die Du versprochen hast, um ein Leben zu führen, das Deiner Berufung würdig ist (siehe Epheser 1,3)
- Offenbarung Deines heiligen Wortes

Das alles und noch viel mehr beinhaltet die Bitte Unser tägliches Brot gib uns heute. Es ist ein Blankoscheck mit der Unterschrift unseres Herrn und Retters. Wir sind eingeladen, diesen Scheck für unsere Bedürfnisse einzulösen. Denk dran, Gott gibt im Verhältnis zur Offenheit unseres Herzens und segnet uns gemäß Seines Ziels. Wenn wir Ihm auf dem Altar unseres Herzens großzügig unser Lob, unsere Verehrung und unsere Anbetung bringen, dann werden wir großzügig das erhalten, was wir zum Leben und zu Seinem Gefallen, brauchen:

> *»Denn ich weiß, was für Gedanken ich über euch habe, spricht der HERR, Gedanken des Friedens und nicht des Unheils, um euch eine Zukunft und eine Hoffnung zu geben. Und ihr werdet mich anrufen und hingehen und zu mir flehen, und ich will euch erhören; ja, ihr werdet mich suchen und finden, wenn ihr von ganzem Herzen nach mir verlangen werdet; und ich werde mich von euch finden lassen, spricht der HERR. Und ich werde euer Geschick wenden und euch sammeln aus allen Völkern und von allen Orten, zu denen ich euch verstoßen habe, spricht der HERR; und ich werde euch wieder an den Ort zurückbringen, von dem ich euch weggeführt habe.« (Jeremia 29,11-14)*

Vergib uns unsere Schuld

In einem christlichen Leben sollte täglich um Vergebung der Schuld und um Reinigung gebetet werden. Das beginnt mit dem Bekenntnis aller bekannter Schuld in unserem Leben. Gott ist ein vergebender Gott, aber wir müssen zu Ihm mit aufrichtiger Buße kommen. Da Umkehr bedeutet, die Richtung unseres Herzens und Verstandes zu ändern, ermöglicht Umkehr uns auch, in Übereinstimmung und rechter Beziehung mit Gott zu bleiben. Darum ermutigt uns das Wort Gottes: »Lasst euch in eurem Denken erneuern durch den Geist, der euch geschenkt ist.« (Epheser 4,23 GNB). Anhaltende Veränderung kann nur stattfinden, wenn wir einen erneuerten Geist, unverfälschte Motive und ein reines Herz haben.

Denk dran: Verschwiegene Sünde ist eines der Dinge, die den Altar Gottes zerstören und das Feuer verlöschen lässt, da sie zu Ungehorsam und Aufsässigkeit führt. Es ist für uns lebenswichtig zu verstehen, wie das Pendel der Vergebung schwingt:

- *Wir müssen Schuld in unserem Leben bewusst erkennen und bekennen.* Das Wort Gottes sagt eindeutig: »Wenn wir aber unsere Sünden bekennen, so ist er treu und gerecht, dass er uns die Sünden vergibt und uns reinigt von aller Ungerechtigkeit.« (1. Johannes 1,9). Schuld zu bekennen, erfordert ein demütiges Herz. Sei versichert, Gott verschmäht kein zerbrochenes und bußfertiges Herz (siehe Psalm 51,17). Vielmehr freut er sich darüber.
- *Wenn wir dann Gottes Vergebung für unsere Schuld erfahren haben, schwingt das Pendel zurück und wir werden herausgefordert auch anderen zu vergeben.* Anderen zu vergeben bringt Heilung und Freiheit in unser Leben. Darum lehrte uns der Herr Jesus zu sagen »vergib uns unsere Schuld,

wie auch wir vergeben unseren Schuldigern«. Anderen zu vergeben ist nicht immer einfach, aber es ist notwendig, um unseren Altar rein und das Feuer am Brennen zu halten.

»Wenn du nun deine Gabe zum Altar bringst und dich dort erinnerst, dass dein Bruder etwas gegen dich hat, so lass deine Gabe dort vor dem Altar und geh zuvor hin und versöhne dich mit deinem Bruder, und dann komm und opfere deine Gabe!« (Matthäus 5,23-24)

Und führe uns nicht in Versuchung

Gott befiehlt und weist Seine Kinder an, heilig zu sein, so wie Er heilig ist. Der erste Schritt dabei ist, Vergebung zu erhalten, indem wir unsere Schuld bekennen.

Heiligkeit bedeutet, sowohl von Gott als auch für Gott abgesondert zu sein. Niemand kann aus eigener Kraft heraus heilig sein. Wie Gott der Vater Seinen Sohn sandte, um unsere Schuld und Ungerechtigkeiten durch Sein Blut zu bedecken, so sandte Er auch den Heiligen Geist, damit wir jeden Tag die Sünde besiegen können. Um Sünde zu überwältigen und ein heiliges Leben zu führen, ist es unerlässlich, dass der Heilige Geist uns leitet.

Als Jesus Seinen Jüngern beibrachte die Worte, »führe uns nicht in Versuchung« zu beten, sagte Er ihnen damit, sie sollten Gott bitten, dass Er sie nicht ihren eigenen Wünschen überlasse. Jakobus beschreibt diesen Punkt folgendermaßen:

»Niemand sage, wenn er versucht wird: Ich werde von Gott versucht. Denn Gott kann nicht versucht werden zum Bösen, und er selbst versucht auch niemand; sondern jeder Einzelne wird versucht, wenn er von seiner eigenen Begierde gereizt und gelockt wird. Danach, wenn die Begierde empfangen hat, gebiert sie die Sünde; die Sünde aber, wenn sie vollendet ist, gebiert den Tod.« (Jakobus 1,13)

Im Kern bedeutet dieser Ausdruck, Gott zu bitten, dass Er uns von uns selbst erlösen soll. Die größte Herausforderung, vor der wir stehen, ist die Entscheidung, unsere eigenen Begierden zu überwinden beziehungsweise der Sünde zu sterben. Wenn dann der Feind kommt, können wir ihn beherrschen und ihm im Namen Jesu widerstehen. Er hat keine andere Wahl als zu fliehen. Wenn Menschen versuchen uns zu fangen, können wir vor ihnen weglaufen. Aber wir können unser eigenes Fleisch nicht zurechtweisen oder vor ihm davonrennen. Unser Fleisch wird allein durch die Kraft des Heiligen Geistes überwältigt.

Versuchungen gibt es überall. Wir brauchen Erlösung von der Liebe zum Geld, was die Wurzel allen Übels ist. Wir müssen von den Versuchungen erlöst werden, die von der Lust der Augen und dem Stolz des Lebens herrühren. Wir brauchen Gottes Kraft gegen Prahlerei und Habgier (siehe 1. Johannes 2,16; Galater 5,19-21).

Wir brauchen die Führung von Gottes Heiligem Geist jeden Tag: »Wenn ihr aber vom Geist geleitet werdet, so seid ihr nicht unter dem Gesetz.« (Galater 5,18).

Das Feuer des Heiligen Geistes wird am schnellsten gelöscht, wenn wir der Begierde des Fleisches nachgeben. Gott um Erlösung von den Versuchungen zu bitten, ist eine tragfähige Strategie in unserem täglichen Leben, um den Altar unversehrt und das Feuer am Brennen zu erhalten.

Erlöse uns von dem Bösen

Nach der *International Standard Bible Encyclopedia* bedeutet das hebräische Wort für erlösen »freisetzen, retten, zur Flucht veranlassen, herausziehen oder bergen«. Im Griechischen bedeutet erlösen »befreien, freisprechen oder retten«. Unser Gott ist ein Erlöser! Wenn wir Gott darum bitten, sprechen wir die folgenden fünf Bereiche an:

ERLÖSUNG VON DER VERGANGENHEIT

Erlösung beginnt mit unserer Rettung; wir sind von der Verurteilung befreit. Gott rettet uns von den Folgen der Sünde – dem ewigen Tod und die Hölle. Er befreit Gefangene aus der Macht des Todes und gibt uns ewiges Leben. Gott bewahrt, rettet, befreit, gibt Gnade und führt, indem Er jedem, der Seinen Namen anruft, geistliche Auferstehung und einen Platz in Seiner Familie gibt.

Dies beinhaltet nicht nur die Erlösung von der Sünde, sondern auch von der Schuld vergangener Sünden. Der Böse ist listig, indem er Schuld gebraucht, um uns davon abzuhalten, die Freiheit in unserer Erlösung zu genießen und unsere Bestimmung zu erreichen. Die Sünden der Vergangenheit können ein gewaltiges Hindernis für die Herrlichkeit der Zukunft sein. Wenn Gott uns von der Schuld vergangenen Versagens erlöst, vergessen wir, was hinter uns liegt, und drängen vorwärts zur Herrlichkeit Gottes.

ERLÖSUNG VON DER MACHT DER SÜNDE

Der zweite Aspekt von Gottes Erlösung ist Freiheit von der Macht der Sünde und der Falle des Bösen, von Satan. Eine neutestamentliche Definition von erlösen – »unbrauchbar machen oder ohne Wirkung« – bezieht sich darauf. Indem der Herr Seine Kinder zurüstet, macht Er die Waffen des Bösen unbrauchbar, sie sind wirkungslos: »Keiner Waffe, die gegen dich geschmiedet wird, soll es gelingen« (Jesaja 54,17). Jesus selbst sagt: »Siehe, ich gebe euch die Vollmacht, auf Schlangen und Skorpione zu treten, und über alle Gewalt des Feindes; und nichts wird euch in irgendeiner Weise schaden.« (Lukas 10,19). Wenn wir zum Herrn beten, dass Er uns von dem Bösen erlöse, verkünden und akzeptieren wir die Stellung und Autorität, die Gott uns als Seine Kinder gegeben hat. Folgende Worte schrieb der Apostel Johannes an junge Christen: »Ich schreibe euch, ihr Väter, weil ihr den erkannt habt, der von Anfang an ist. Ich schreibe euch, ihr jungen Männer, weil ihr den Bösen überwunden habt. Ich schreibe euch, ihr Kinder, weil ihr den Vater erkannt habt. Ich habe euch geschrieben, ihr Väter, weil ihr den erkannt habt, der von Anfang an ist. Ich habe euch geschrieben, ihr jungen Männer, weil ihr stark seid und das Wort Gottes in euch bleibt und ihr den Bösen überwunden habt.« (1. Johannes 2,13-14).

ERLÖSUNG VON DEN PLÄNEN DES BÖSEN

Jeden Tag brauchen wir Gottes göttliche Führung und Schutz, um die Pläne des Feindes zu erkennen und abzuwenden. Diese kommen in vielen Formen und Gestalten, durch viele verschiedene Mittel und Herausforderungen. Der Böse ist der Vater der Lüge, der List und der Täuschung. Daher brauchen wir täglich Verständnis, Weisheit und Urteilsvermögen. Gott hat bereits die Falle des Feindes zerstört, aber wir müssen das auch wissen, um im Sieg zu leben: »Unsere Seele ist entflohen wie ein Vogel aus der Schlinge des Vogelstellers; die Schlinge ist zerrissen, und wir sind entkommen!« (Psalm 124,7).

DER PERMANENTE SCHUTZ GOTTES

Der Feind ist besiegt, aber er versucht immer noch wie ein brüllender Löwe durch Einschüchterung zuzuschlagen und anzugreifen. Doch der Löwe aus Judah, Jesus Christus, der in uns und mit uns ist, ist größer als der besiegte Feind, der uns versucht zu bedrohen (siehe 1. Johannes 4,1-6). In Psalm 91,7 steht, dass die Bösen links und rechts von uns fallen und nicht an uns herankommen können: »Ob tausend fallen zu deiner Seite und zehntausend zu deiner Rechten, so wird es doch dich nicht treffen«.

Gott, unser Erlöser

Gott ist unser Erlöser, der uns von der Vergangenheit befreit, uns heute schützt und uns von Sieg zu Sieg führt. Es gibt sehr viele Versprechen in der Schrift von Seinem Schutz und Seiner Erlösung. Er ist unser Vater, der Gute Hirte, Führer, Licht, Schild, starker Turm und so viel mehr. Wie erfolgt also dieser tägliche Schutz? Gott hat viele Möglichkeiten Seine Kinder zu schützen, wie zum Beispiel:

SEIN NAME

Der Name des Herrn Jesus Christus ist unser bester Schutz. Jesus selbst sagt dies, als Er für die Jünger betet: »Und ich bin nicht mehr in der Welt; diese aber sind in der Welt, und ich komme zu dir. Heiliger Vater, bewahre sie in deinem Namen, die du mir gegeben hast, damit sie eins seien, gleichwie wir! Als ich bei ihnen in der Welt war, bewahrte ich sie in deinem Namen...« (Johannes 17,11-12). Der Name des Herrn ist unser stärkster Schutz. (siehe Sprüche 18,10).

DIE MACHT DES BLUTES

Das Blut des Herrn Jesu Christi ist die Quelle unserer Erlösung und unseres Schutzes. Erinnere dich, dass am Abend vor dem Auszug aus Ägypten, Gott den Israeliten befahl, Blut oben auf und seitlich an den Türrahmen ihrer Häuser zu streichen, um beschützt zu werden. Er sagte: »Und das Blut soll euch zum Zeichen dienen an euren Häusern, in denen ihr seid. Und wenn ich das Blut sehe, dann werde ich verschonend an euch vorübergehen; und es wird euch keine Plage zu eurem Verderben treffen, wenn ich das Land Ägypten schlagen werde.« (2. Mose 12,13). Mose sagte: »Denn der HERR wird umhergehen und die Ägypter schlagen. Und wenn er das Blut sehen wird an der Oberschwelle und an den beiden Türpfosten, so wird er, der HERR, an der Tür verschonend vorübergehen und den Verderber nicht in eure Häuser kommen lassen, um zu schlagen.« (2. Mose 12,23).

Im Neuen Testament sind wir gerettet, gewaschen und befreit durch das Blut des Lammes. Es ist wahrlich eine wunderbare Kraft in dem Blut des Herrn Jesu Christi: »Und sie haben (den Satan) überwunden durch das Blut des Lammes...« (Offenbarung 12,11).

DER HEILIGE GEIST

Gott schützt uns durch die Kraft des Heiligen Geistes, der in uns lebt. Gott ist in uns und für uns. Der Feind kann uns nicht antasten. Nach der Schrift sind wir nämlich ein Tempel des Heiligen Geistes. Folglich schützt Er uns durch Sein Eigentumssiegel, das über unserem Leben steht.

SEINE GEGENWART

Gott schützt uns durch Seine Gegenwart. Er ist Immanuel, Gott mit uns. Jesus sagte, dass Er uns nicht verlassen oder im Stich lassen wird. Wir sind unter dem Schatten Seiner Flügel (siehe Psalm 91). Daher konnte David mit Zuversicht sagen: »Und wenn ich auch wanderte durchs Tal der Todesschatten, so fürchte ich kein Unglück, denn du bist bei mir; dein Stecken und dein Stab, die trösten mich.« (Psalm 23,4).

SEIN WORT

Jesus besiegte den Bösen während der Versuchung in der Wüste durch das Wort (siehe Matthäus 4,1-11; Epheser 6,10-18). Gott schützt uns durch die Kraft Seines Wortes und wenn wir davon sprechen, beziehen wir uns auf alle Verheißungen und Zusagen, die Gott uns gegeben hat. Der Autor des Hebräerbriefes sagt uns, dass das Wort Gottes

»schärfer als die Klinge eines beidseitig geschliffenen Schwertes« (Hebräer 4,12) ist. Damit kämpfen wir und überwältigen den Feind.

Um das Feuer des Altars lebendig und stark zu erhalten, bitten wir Gott nicht nur um Seine Versorgung und Führung, sondern auch um Erlösung. Ohne die Erlösung Gottes, wird der Feind versuchen, unsere Altäre zu zerstören, genauso wie er es bei den realen Steinen und Bronzealtären zur Zeit des Alten Testamentes machte. Nur durch den Schutz Gottes können wir ein Leben der Freiheit leben und die Pläne des Bösen abwenden.

Wenn wir den Sieg verstehen, den wir in Christus haben, können wir mutig vor unseren himmlischen Vater treten mit einem Herzen der Dankbarkeit und Anbetung und sagen: »Denn dein ist das Reich und die Kraft und die Herrlichkeit in Ewigkeit! Amen.« (Matthäus 6,13).

Fragen zum Nachdenken

1. Das Vater Unser lehrt uns, wie wir nach Seiner göttlichen Vorlage beten können. Hat sich bei dir eine leidenschaftliche göttliche Vorlage schon bewährt?

2. Erkläre wie bedeutend Vergebung für die Beziehung zu deinem himmlischen Vater ist.

3. Wie wichtig ist Erlösung in deinem eigenen Leben als Christ? Wie hilft Erlösung einem Gläubigen das ständig zunehmende Feuer des Gebets und der Anbetung zu erleben?

KAPITEL 14

Halte das Altarfeuer am Brennen

Ich, Chuck, erinnere mich, dass ich einmal einem Freund von mir gesagt habe: »Wenn das Feuer Gottes und Seines Geistes mich verlässt, würde ich am Boden zerstört sein!«

Der Freund entgegnete sofort: »Wenn das mir passieren würde, würde ich wahrscheinlich noch nicht einmal eine Veränderung in meinem Leben bemerken.«

Das ist nicht das, was der Herr sich für unser Leben wünscht. Der Herr will, dass das Feuer herabfällt und hell brennt, damit wir die Fülle Seiner Versorgung, Seines Schutzes und Seiner Führung erleben können. Er will, dass wir dauerhaft im Reich Gottes etwas bewirken.

Das verzehrende Feuer

Die Schrift beschreibt unseren Gott als ein Feuer: »Denn der HERR, dein Gott, ist ein verzehrendes Feuer, ein eifersüchtiger Gott.« (5. Mose 4,24; siehe Hebräer 12,29).

Feuer kennzeichnet oder stellt die Heiligkeit sowie die Majestät des allmächtigen Gottes, den wir allein anbeten sollen, dar. Er wohnt in unnahbar herrlichem Licht. Außerdem ist das Feuer Gottes ein Zeichen Seines gerechten Urteils gegen Seine Feinde: »Feuer geht vor ihm her und verbrennt seine Feinde ringsum.« (Psalm 97,3).

Daher schafft das Feuer Gottes in uns eine heilige Furcht. Dadurch können wir ehrfürchtig in Seine Gegenwart kommen und dürfen wissen, dass, wenn wir Ihn anbeten, Er uns mit Seinem gerechten Urteil vorausgeht, uns beschützt und uns den Sieg gibt.

Dieser Wesenszug Gottes kann man darin sehen, wie Er mit Menschen im Alten und Neuen Testament umgeht.

Moses Aufgabe, die darin bestand die Menschen aus der Sklaverei zu befreien und sie in das Gelobte Land zu bringen, begann mit dem Feuer der Gegenwart Gottes in einem Busch auf dem Berg Horeb: »Da erschien ihm der Engel des HERRN in einer Feuerflamme mitten aus dem Dornbusch. Und als er hinsah, siehe, da brannte der Dornbusch im Feuer, und der Dornbusch wurde doch nicht verzehrt. Da sprach Mose: Ich will doch hinzutreten und diese große Erscheinung ansehen, warum der Dornbusch nicht verbrennt!« (2. Mose 3,2-3).

Nachdem Mose das Volk aus der Sklaverei herausgeführt hatte, führte Gott sie durch Feuer:

> *»Und der HERR zog vor ihnen her, am Tag in einer Wolkensäule, um sie den rechten Weg zu führen, und bei*

Nacht in einer Feuersäule, um ihnen zu leuchten, damit sie bei Tag und bei Nacht ziehen konnten. Die Wolkensäule wich nie von dem Volk bei Tag, noch die Feuersäule bei Nacht.« (*2. Mose 13,21-22*).

Gott bestätigte dem Volk Seine Gegenwart, als er Seine Herrlichkeit auf dem Berg Sinai zeigte: »Und die Herrlichkeit des HERRN war vor den Augen der Kinder Israels wie ein verzehrendes Feuer oben auf dem Gipfel des Berges.« (2. Mose 24,17). Der Herr sandte aber nicht einfach nur Feuer; Er selbst war dort. »Aber der ganze Berg Sinai rauchte, weil der HERR im Feuer auf ihn herabstieg. Und sein Rauch stieg auf wie der Rauch eines Schmelzofens, und der ganze Berg erbebte heftig.« (2. Mose 19,18). Gottes brennende Gegenwart war der Grund, dass »im vierzigsten Jahr« von Israels Wüstenwanderung, als sie endlich im Begriff waren, »den Jordan zu überqueren« um ins Gelobte Land zu gelangen, Mose dem Volk Gottes zuversichtlich sagen konnte: »So sollst du heute wissen, dass der HERR, dein Gott, selbst vor dir hergeht, ein verzehrendes Feuer.« (5. Mose 9,3; siehe Kap. 1,3; 9,1).

Genauso wie Mose wies auch Johannes der Täufer auf die Erlösung des Volkes Gottes durch das Feuer hin. Johannes taufte diejenigen mit Wasser, die Buße taten und Teil des zukünftigen Reiches sein wollten. Die Wassertaufe bedeutet, dass das alte Leben im Fleisch gestorben ist und abgetrennt wurde für ein neues geistlichen Leben in Christus Jesus. Diese Taufhandlung symbolisiert somit ein neues Leben.

Doch Johannes wusste auch, dass er ein Wegbereiter des kommenden Messias ist: »Ich taufe euch mit Wasser zur Buße; der aber nach mir kommt, ist stärker als ich, sodass ich nicht würdig bin, ihm die Schuhe zu tragen; der wird euch mit Heiligem Geist und Feuer taufen.« (Matthäus 3,11).

Der Messias kam und gab Seinen Jüngern, die Er genau darauf vorbereitet hatte, diesen Befehl: »Und siehe, ich sende auf euch die Verheißung meines Vaters; ihr aber bleibt in der Stadt Jerusalem, bis ihr angetan werdet mit Kraft aus der Höhe!« (Lukas 24,49).

Die Jünger hörten auf Jesus und blieben in Jerusalem. Während sie warteten, priesen sie unterdessen Gott und beteten, bis schließlich an Pfingsten das Feuer des Heiligen Geistes fiel und die Kirche geboren wurde: »Und es erschienen ihnen Zungen wie von Feuer, die sich zerteilten und sich auf jeden von ihnen setzten.« (Apostelgeschichte 2,3).

Nach diesem Ereignis verkündeten die Jünger die Herrlichkeit Gottes, woraufhin sich 3000 Menschen an einem Tag bekehrten.

Gottes Feuer reinigt, heiligt, verschönert und verändert uns in das Ebenbild Seines Sohnes und rüstet uns zu für die Arbeit im Reich Gottes. Wenn Gott uns durch den Heiligen Geist gereinigt hat, gebraucht Er uns als Instrumente Seiner Herrlichkeit. Dazu erweckt Er unseren Geist, erneuert unser Leben, bricht die Ketten der Sünde und vernichtet unseren Egoismus.

Gott gibt denen die Gabe des ewigen Lebens, die Buße tun und an Jesus Christus glauben. Auf unsere Errettung folgt das Feuer Gottes, das uns befähigt, im Reich Gottes zu leben. Lasst uns standhaft bleiben und das Feuer Gottes willkommen heißen, welches unsere Herzen läutert.

Die Auswirkungen von Gottes Feuer

Zur Ermutigung findest du hier acht bemerkenswerten Auswirkungen, die du erleben wirst, wenn du deinen Altar vorbereitest und das Feuer Gottes willkommen heißt.

Das Feuer stellt die Heiligkeit wieder her

Eine Auswirkung von Gottes Feuer in unserem Leben ist Heiligkeit. Das Feuer Gottes reinigt die Zunge, damit Diener Gottes zu würdigen Rednern des Herrn werden. Das Feuer Gottes reinigt auch unser Erscheinungsbild, damit wir das Leben des Herrn reflektieren können.

Das folgende Beispiel von der Gewinnung von Gold und dessen Aufbereitung für den Markt veranschaulicht dies. Durch Schürfungen gewinnen die Bergleute aus dem Boden das rohe Golderz. Da dieses noch mit vielen anderen Elementen vermischt ist, legen die Bergleute es anschließend in ein Gefäß, das sehr hohen Temperaturen standhält. Nun wird es so stark im Feuer erhitzt, dass Schmutz und andere Teile aus dem Golderz heraus geschmolzen werden. Das flüssige Gold muss nun noch abgekühlt werden, um wieder zu erhärten. Wenn es kalt ist, wird es geprüft und der Prüfer schaut nach, ob es sich um reines Gold handelt. Dazu wird er zunächst herausfinden, ob das Gold sein Gesicht spiegeln kann, so wie es ein Spiegel tut. Wenn es dies nicht kann, muss das Gold erneut unter heißen Temperaturen geläutert werden. Wenn es dann für rein befunden wird, darf es auf dem Markt verkauft werden.

Genau dasselbe tut Gottes Feuer im Leben Seiner Kinder. Es reinigt und trennt uns von allem Schmutz der Welt. Es macht uns rein, damit wir Sein Ebenbild reflektieren können (siehe 2. Korinther 3,18). Das Feuer Gottes füllt unsere Herzen mit Seiner Gegenwart und Seiner Herrlichkeit und macht uns zu Seinem Tempel (siehe 2. Korinther 7,1-3): »Denn die er zuvor ersehen hat, die hat er auch vorherbestimmt, dem Ebenbild seines Sohnes gleichgestaltet zu werden, damit er der Erstgeborene sei unter vielen Brüdern.« (Römer 8,29).

Das Feuer erneuert unser geistliches Leben

Die Leidenschaft für das Gebet und die Anbetung, sowie der Wunsch, Gottes Wort zu kennen und ihm zu gehorchen, ist ebenfalls eine Auswirkung des wahren Feuers. Wenn wir das Feuer verlieren, verlieren wir damit auch den Kern des Gebets und der Beziehung zu Gott. Wenn wir kein Feuer haben, gibt es nur noch Rauch und dieser hat keine Kraft, etwas zu bewirken. Um diese Wahrheit zu veranschaulichen, gebe ich, Alemu, eine persönliche Begebenheit weiter, die beschreibt, warum ich Gottes Wort studiere.

In der Nacht als ich meine Bibel bekam und darin zu lesen begann, machte es mir so viel Freude, dass ich damit gar nicht mehr aufhören wollte. Zuvor bat mich ein Lehrer zum ersten Mal die Schulandacht zu halten, doch ich besaß keine Bibel. Ich musste mir eine leihen und wusste nicht, wie ich eine bestimmte Stelle in der Bibel finden konnte. Ich kannte noch nicht einmal den Unterschied zwischen Altem und Neuem Testament. An diesem Tag beschloss ich, die Bibel kennen zu lernen. Außerdem versprach ich dem Herrn, meine Leidenschaft für das Wort Gottes mein ganzes Leben hindurch zu bewahren.

Ich begann meinen Dienst mit sehr viel Hingabe und Feuer für das Wort Gottes. Nach vielen Jahren wurde ich gebeten auf einer Konferenz in Rom einen Vortrag zu halten. Als ich nach Rom flog, las ich ein Buch über das Wort Gottes und die Anbetung. Dieses Buch war Teil meiner Recherche für ein Buch, das ich in Amharic – einer äthiopischen Sprache – schrieb und das den Titel True Worship trägt.

Ich machte es mir also bequem und genoss das Buch, als ich plötzlich eine innere Stimme hörte, die zu mir sagte, Hör auf zu lesen.

Ich war verwirrt, hörte einige Minuten auf zu lesen, um dann aber doch wieder damit zu beginnen. Da hörte ich die gleiche Stimme. Nun begann ich auf sie achtzugeben.

Nach ein paar Minuten fragte die Stimme, wohin ich ginge. Ich dachte, dass ich eine passende Antwort hätte und antwortete: »Ich bin auf den Weg nach Rom.«

Die Stimme erwiderte mit einer weiteren Frage. Warum gehst du nach Rom?

»Um auf einer christlichen Konferenz einen Vortrag zu halten.«

Für ein paar Minuten war es still. Zu diesem Zeitpunkt wusste ich bereits, dass der Herr zu mir sprach. Ich begann zu weinen und vergaß dabei ganz, dass ich von anderen Passagieren im Flugzeug umgeben war. Die Gegenwart des Herrn war absolut real! Ich wusste nicht, wie ich reagieren oder wie ich sein sollte.

Dann fragte die Stimme: Warum predigst du eigentlich Mein Wort? Predigst du, weil du es gut kannst, oder weil du Mein Wort liebst?

Ich fühlte mich verloren! Ich wurde an die Nacht erinnert, in der ich meine Bibel bekam und an meine erste Predigt mit der geliehenen Bibel.

Als ich in Rom ankam, holte mich der Pastor, der mich eingeladen hatte, ab und fragte, ob ich auf dem Weg etwas essen wollte.

Ich entgegnete: »Nein, danke. Bring mich einfach zum Hotel.«

Nachdem er mich dorthin gebracht hatte, fragte er mich, zu welcher Uhrzeit er mich zum Abendessen abholen sollte. Ich sagte ihm jedoch, dass ich kein Abendessen bräuchte und er erst am nächsten Tag kommen solle.

Sobald er gegangen war, lag ich der Länge nach auf dem Boden. Ich wechselte noch nicht einmal meine Kleidung. Während ich Buße tat und betete, schlief ich ein. Um zwei Uhr nachts wurde ich wach und von einer Stimme aufgefordert 3. Mose 6,8-13 zu lesen.

Ich öffnete meine Bibel und las die Stelle. Dreimal wurde den Leviten dieselbe Warnung und derselbe Befehl gegeben. Lasst das Feuer auf dem Altar Gottes nicht verlöschen.

In dieser Nacht verstand ich, warum es so wichtig ist, das Feuer brennen zu lassen.

Eine der größten Herausforderungen auf dem Weg zur prophetischen Bestimmung ist es, das Feuer am Brennen zu halten. Wenn das Feuer der Liebe, des Heiligen Geistes, der Heiligkeit, der Anbetung, des Wortes Gottes und des Dienstes verlöscht, ist dein Weg nur noch eine Sehnsucht, die nichts bewirkt, oder ein starker Wunsch, der aber keinen Durchbruch bringt. Du kannst zwar einen »Titel« im Reich Gottes tragen, doch ohne das Feuer Gottes kannst du unmöglich den Titel auch ausfüllen.[6]

Das Feuer führt zur Umkehr

Immer wenn das Volk des Höchsten Zeuge wurden, wie Gottes Feuer auf den Altar fiel, knieten sie anbetend nieder – oder fielen sogar zu Boden. So geschah es beispielsweise als das Feuer auf den Altar der Stiftshütte und des Tempels fiel. Wir sahen bereits beim gewaltigen Wiederaufbau des Altars durch Elia, dass das Volk sah und dann daran glaubte, dass der Herr der Gott ist, der durch Feuer antwortet. Die Zweifelnden wurden überzeugt und erkannten, dass Gott tatsächlich die Ihm zugeschriebene Macht besitzt. Als das Feuer vom Himmel kam, fielen die Götzenanbeter auf ihre Knie und stellten alles unter die Herrlichkeit Gottes. »Als das ganze Volk dies sah, da fielen sie auf ihr Angesicht und sprachen: Der HERR ist Gott! Der HERR ist Gott!« (1. Könige 18,39).

---

6 Dieser Abschnitt wurde mit freundlicher Genehmigung entnommen aus Alemu Beeftu, PH.D., Breakout for *Breakthrough*: *Journey for Prophetic Destiny* (Alemu Beeftu, 2019), S. 37-39.

Das Feuer verzehrt das Opfer

Lasst uns noch einmal das Bild von Elias Altar betrachtet, da es uns die Auswirkungen von Gottes Feuer sehr gut veranschaulicht. »Da fiel das Feuer des HERRN herab und verzehrte das Brandopfer und das Holz und die Steine und die Erde; und es leckte das Wasser auf im Graben.« (1. Könige 18,38). Wir lernen daraus, dass das Feuer Gottes als erstes unser Leben verzehrt. Weil unser Leben das Opfer ist, das wir Gott bringen. So fordert der Apostel Paulus uns auf, unseren Körper dem Herrn als ein lebendiges Opfer zu bringen (siehe Römer 12,1). Das Feuer Gottes beginnt nicht mit unserem Dienst, sondern mit unserem Leben. Wenn wir wirklich möchten, dass Gott uns gebraucht, dann müssen wir zuerst uns selbst Ihm hingeben.

Das Feuer verzehrt das Holz

Nachdem das Feuer das Opfer verzehrt hat, verzehrt es auch das Holz. Dieses Holz könnte für unsere Gaben stehen. Es symbolisiert aber auch unsere Ängste, Zweifel und Schwächen. Das Feuer Gottes heiligt nicht nur unser Leben, sondern auch die Gnadengaben, die wir vom Herrn erhalten haben. All unsere Gaben gehört wie unser Leben Ihm allein. Nur deshalb können wir zu Seiner Ehre eingesetzt werden.

Das Feuer verzehrt die Steine

Steine sind sehr schwer brennbar. Doch Gottes Feuer kann das verbrennen, was eigentlich nicht brennbar ist, und das schmelzen, was nicht schmelzbar ist. Die Steine sind die eigentliche Grundlage des Opfers. Diese Steine symbolisieren zum Beispiel unser

Wissen, unsere Erfahrungen, unsere Berufung, unseren Dienst und alles, was wir für unerschütterlich und beständig halten. Es umfasst das, was wir haben und was wir haben möchten. Wenn das Feuer Gottes kommt, wird alles von ihm verzehrt werden.

Nachdem uns das Feuer Seiner Herrlichkeit berührt hat, werden wir sagen, »Ich sah Gott von Angesicht zu Angesicht, und mein Körper ist geheilt.« Nachdem Jakob mit Gott gekämpft hatte und Seinen Segen in einer lebensverändernden Begegnung erhalten hat, sagte er: »Jakob aber nannte den Ort Pniel; denn er sprach: Ich habe Gott von Angesicht zu Angesicht gesehen, und meine Seele ist gerettet worden! Und die Sonne ging ihm auf, als er an Pniel vorüberzog; und er hinkte wegen seiner Hüfte.« (1. Mose 32,31-32).

Das Feuer lässt unser steinernes Herz schmelzen und verändert uns, damit wir Jesus Christus ähnlich werden. Es ermöglicht uns, dass wir nicht nur unsere Begrenzungen sehen, sondern auch Gottes Schönheit und Gnade. Paulus hat dies verstanden. Deshalb kann er schreiben, dass gegenüber dem unvergleichlichen Gewinn, nämlich dass Jesus Christus sein Herr geworden ist, alles andere seinen Wert verloren hat.

> *»Ja, wahrlich, ich achte alles für Schaden gegenüber der alles übertreffenden Erkenntnis Christi Jesu, meines Herrn, um dessentwillen ich alles eingebüßt habe; und ich achte es für Dreck, damit ich Christus gewinne und in ihm erfunden werde, indem ich nicht meine eigene Gerechtigkeit habe, die aus dem Gesetz kommt, sondern die durch den Glauben an Christus, die Gerechtigkeit aus Gott aufgrund des Glaubens, um Ihn zu erkennen und die Kraft seiner Auferstehung und die Gemeinschaft seiner Leiden, indem ich seinem Tod gleichförmig werde, damit ich zur Auferstehung aus den Toten gelange.« (Philipper 3,8-11)*

Wenn dies alles wahr ist, ist es für uns absolut notwendig, dass Gottes Feuer in uns alles mitsamt unseren Opfern, dem Holz und den Steinen verzehren kann. Auf andere Weise werden wir nicht Seine Macht und Seine Herrlichkeit sehen können. Wenn wir uns unserer Gaben und Erfahrungen rühmen, aber das Feuer Gottes nicht haben, ist es so, als ob wir Lampen sammeln, aber in der Dunkelheit sitzen.

Das Feuer verzehrt den Boden

Die Steine für den Altar und das Opfer standen auf dem Boden beziehungsweise auf der Erde. Das Feuer Gottes verzehrte diesen Erdboden zusammen mit dem Fleisch, dem Holz und den Steinen. Der Erdboden könnte für Dinge stehen, die wir als beständig, verbindlich, unveränderbar oder dauerhaft ansehen. Das ist zum Beispiel die Familie, nahe Verwandte und Freunde, Begleiter, ein Volk, eine Sprache, ein Land und alles andere, von dem wir erwarten, dass es immer gleichbleibt.

Doch weil das Feuer Gottes keine Grenzen kennt, verzehrt es nicht nur unser Leben und unsere Gaben, sondern auch den Boden, auf dem wir stehen. Wenn das Feuer Gottes die Erde verzehrt, wird das Land von allen verborgenen und unsichtbaren Verunreinigungen gereinigt. Alle Götzen werden verbrannt.

Mose und Josua berichteten, dass der Erdboden, auf dem sie standen, geheiligt war. Das bedeutet, dass ein Christ, der die Herrlichkeit Gottes sehen und das Verheißene Land erben will, auch zulassen muss, dass Gottes Feuer sein Volk, sein Land, seine Kultur, seine Sprache und seine Nation berührt.

Das Feuer verzehrt das Wasser

Wasser löscht Feuer. Wenn wir ein außer Kontrolle geratenes Feuer sehen, wollen wir instinktiv Wasser holen. Man kann sagen, dass Wasser ein Feind des Feuers ist. Doch das Feuer Gottes verzehrt sogar Wasser.

Das bedeutet also, dass wir alles dem Feuer des Heiligen Geistes, das in uns entzündet ist, unterwerfen müssen. Denn dieses Feuer vernichtet alles, was Gottes Werk und Herrlichkeit behindert. Anders ausgedrückt bereitet uns das Feuer Gottes nicht nur darauf vor Ihm zu dienen, sondern verzehrt auch alles, was Ihm im Wege steht. Darum heißt es so oft in der Bibel, dass der Kampf Gott gehört. Er allein kann Feuer mit Feuer zerstören. Wenn wir Ihm alles unterwerfen und zu Seiner Herrlichkeit leben, wird Er für uns kämpfen und in allen Situationen an unserer Seite stehen. Sein Feuer bricht die Ketten der Sklaverei und verzehrt unsere Feinde (siehe Daniel 3). Gottes Feuer lässt sogar den Berg schmelzen, der uns im Weg steht (siehe Sacharja 4).

Dass es sogar Wasser verzehren kann, zeigt uns auch, dass, wenn die Herrlichkeit Gottes erscheint, der Herr Dinge ganz einfach tun kann, die durch menschliche Anstrengungen und Fähigkeiten nicht machbar sind. Gott wird nicht von den Naturgesetzen beherrscht. Im Gegenteil: Er herrscht über die Naturgesetze. Nichts kann Ihn einschränken oder binden.

Wenn das Feuer Gottes kommt, können wir nur eines tun. So wie die Israeliten Gottes Macht bezeugten, als das Feuer niederkam können wir rufen: »Der Herr ist Gott! Der Herr ist Gott!«

Wir hoffen, dass wir durch dieses Buch in dir den Hunger geweckt haben, für das Feuer Gottes zu beten, es anzunehmen und zu bewahren. Sei versichert, dass das Feuer alles auslöschen wird, was dem tatkräftigen Evangelium im Wege steht. Es wird beweisen, wie selbstgefällig Götzen sind.

Wir glauben, dass, wenn du Zeuge von dem Feuer und seiner heiligen Macht wirst, du dich vor unserem großen Gott verbeugen und Ihm danken wollen wirst. Gott ist dein Retter. Er ist dein Heiland. Er ist dein Erlöser. Er ist dein Licht. Er ist dein Leben. Er ist deine Hoffnung. Er ist dein Schild. Er ist deine Sicherheit. Bete Seine Majestät an, während du das Altarfeuer neu entfachst und es am Brennen hältst.

Wir enden mit einem Lied, das wir hier in der Glory of Zion International Gemeinde geschrieben haben:

Lass es Brennen

Es brennt ein Feuer in der Dunkelheit
Es kommt zu dir mit einer Donnerstimme
Schatten wirft sein tanzendes Licht
Stärker als die Strömung, die dich nach unten zieht
Es wird dein Fleisch verbrennen, bis deine Knochen Feuer fangen
Es entblößt dich, bis du auf den Knien liegst
Es macht dich hungrig und du fühlst dich durch es lebendig
Öffne dein Herz. Kannst du es spüren?

Lass es brennen, brennen, brennen;
Erleuchte den Weg mit dem Feuer des Verlangens
Lass es brennen, brennen, brennen;
Wehre dich nicht gegen die Flamme Seines Feuers

Der Herr kommt herab in einem tosenden Feuersturm
Um sich greifende Funken setzen die Welt in Brand
Er sucht nach dem Ort, wo der Teufel spielt
Er ist ganz außer sich. Kannst du Seinen Chor hören?
Er wird es brennen lassen, bis keine Finsternis zurückbleibt
Engel marschieren mit Ihm Seite an Seite
Die Erretteten werden auferstehen, werden Sein Lob singen
Stellt euch hin und bekennt Farbe

Heiliges Feuer, verzehre meine Seele; Erhelle meine Füße, lass meinen Geist leuchten
Ertränke mich ganz in den Flammen; Fülle meine Lungen bis du alles bist, was ich atme

Lass es brennen

Zünde ein Streichholz an, verbreite das Wort,
verschütte das Öl, gib weiter, was du gehört hast.
Sage der Welt:
Er kommt in Flammen und Er wird nicht nachgeben,
bis du Seinen Namen kennst.[7]

Fragen zum Nachdenken

1. Betrachte noch einmal die acht Auswirkungen des Feuer Gottes, wenn es auf den Altar fällt. Welche dieser Auswirkungen würdest du am liebsten in deinem Leben sehen?
2. Was fördert deine Sehnsucht, das Feuer auf dem Alter neu zu entfachen? Was behindert sie? Wie kannst du die Hindernisse beseitigen, die dich davon abhalten ein tieferes Verlangen nach Gebet und Anbetung zu entwickeln?
3. Wie trägt Gottes Versorgung, Vergebung, Stärke und Errettung dazu bei, das Altarfeuer am Brennen zu halten?

---

7 »Let it Burn« aus *A Time to Advance – The Music oft he Months* (Corinth, Texas: Glory of Zion International Ministries, Inc., 2013). Text von Tracey Liggett und Justin Rana, Musik von Justin Rana. Mit freundlicher Genehmigung.

Charles D. »Chuck« Pierce ist Präses der *Global Spheres Inc* (GSI) in Corinth, Texas. Dieser apostolische, prophetische Dienst hat seinen Sitz im Global Spheres Center und hat den Auftrag den anbetenden, triumphierenden Rest überall in der Welt zu sammeln und zu mobilisieren. GSI unterstützt auch andere Dienste und nimmt an regionalen und nationalen Versammlungen teil, um neue Sichtweisen für das Reich Gottes zu entwickeln. Darüber hinaus ist Chuck Präses von Glory of Zion International Ministries, ein Dienst, der Juden und Nichtjuden zusammenbringt. Chuck ist bekannt für seine genaue prophetische Begabung, die Nationen, Städte, Kirchen und Einzelpersonen hilft, die Zeiten, in denen wir leben, besser zu verstehen. Er und seine Frau Pam haben sechs Kinder und fünfzehn Enkel.

FB: chuckdpierce
Twitter: @chuckdpierce
Instagram: @chuckdpierce

Dr. Alemu Beeftu ist der Gründer und Präses von *Gospel of Glory*. Er hat ein Herz für die Ausbildung von Pastoren, Geschäftsleuten und Politikern mit dem Ziel, nationale Infrastrukturen für Führungskräfte aufzubauen. Alemu arbeitet derzeit in 54 Ländern mit transformatorischen Führungskräften unterschiedlichen Alters zusammen, die die Berufung, die Gabe und die Persönlichkeit haben, nachhaltige gesellschaftliche Veränderungen für das Reich Gottes zu fördern.

Alemu stammt aus Äthiopien und hat einen B.A.-Abschluss der Biola University sowie einen Master und einen Doktortitel in den Fächern Curriculum Design und Community Development der Michigan State University. Mit mehr als dreißig Jahren Praxiserfahrung in diesen und verwandten Bereichen ist er ein versierter und gefragter Trainer für Führungskräfte. Außerdem leitet er weiterhin weltweit verschiedene kirchliche Organisationen im Leib Christi.

Alemu hat zuletzt folgende Bücher veröffentlicht: Optimize Your Potential; Go Back to Go Forward; Breakout for Breakthrough; Divine Pattern fort the Fullness of His Glory; God's Questions; Restoration for Lasting Transformation; Igniting Leaders for Kingdom Impact; Wrestling for Your Prophetic Destiny; Put Your Heart above Your Head; Leadership Journey; Spiritual Accountability and Leading for Kingdom Impact; Determination to Make a Differenze. Weitere Informationen dazu unter www. goglory.org